# 我的薄伽梵歌

## 一位印度神話學家的
## 超凡生命智慧

德杜特‧帕塔納克 ── 著‧繪

江信慧 ── 譯

*my*
# GITA
Devdutt Pattanaik

獻給

我 的 朋 友

帕爾索（Partho），他聽得見

帕若咪塔（Paromita），她看得見

# 目錄

___

行動就是業，也是業力

我們取決於天生物質屬性的資質與能力

第一部

導　論

# 書名源起
# 我的薄伽梵歌

《薄伽梵歌》,即廣為人知的《神之歌》,
是史詩《摩訶婆羅多》的一部分。

　　《摩訶婆羅多》（*Mahabharata*）這部史詩描寫的是般度族（Pandavas）與俱盧族（Kauravas）在俱盧之野（Kuru-kshetra）的一場大戰。《薄伽梵歌》則是在這場大戰即將開打之前，由奎師那（Krishna）向阿周那（Arjuna）所傳述的內容。奎師那被視為「神」（bhagavan，也稱作薄伽梵）。祂說的話語蘊含著印度教的根基，也就是吠陀（Veda）智慧的精髓。

　　十九世紀孟加拉的神祕家「至尊天鵝」拉姆克里施納（Ramkrishna Paramhansa）曾說，要解讀《薄伽梵歌》的要義，只需把組成《薄伽梵歌》的「歌」一字的音節倒過來念即可。所以「歌」的梵音「吉塔」（Gita）倒過來，就成了「塔吉」或「特雅吉」（ta-gi 或 tyagi），「特雅吉」的意思是「放下財產的人」。

▼從「吉塔」到「特雅吉」

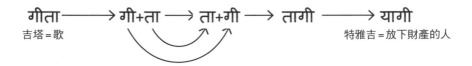

若是按這個道理來看，那麼，我將本書命名為《我的薄伽梵歌》還真有點反諷了。然而，我在書名裡使用「我的」這個所有格代名詞，是有以下三個原因的。

### 原因之一：《我的薄伽梵歌》是主題式的

　　《薄伽梵歌》這一部經典本身即示範了許多現代的溝通技巧。首先，在第一章便提出了阿周那的問題，然後從第二章至第十八章則由奎師那提供解決方案。奎師那一開始（第二章）就告訴阿

周那自己將揭示的全部內容；接著，祂又就祂所承諾要講述的內容予以詳細說明（第三章至第十七章）；最後，祂複述所有自己說過的重點（第十八章）。奎師那的解決方案包含了分析（數論〔sankhya〕）與統合（瑜伽）——先把整體切成幾個部分，再將各部分結合成為整體。

　　這個解決方案本身是全方位的，包含了行為（行動瑜伽〔karma yoga〕）、情感（奉愛瑜伽〔bhakti yoga〕）、智慧（知識瑜伽〔gyana yoga〕）。然而，很少有人會把《薄伽梵歌》當作書本研讀，也不會一口氣聽完每一段詩節。

▼《薄伽梵歌》的章節架構

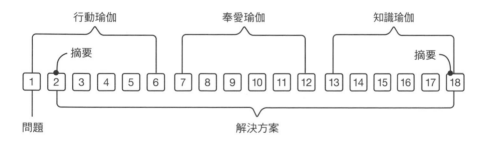

　　傳統上，靈性導師（guru）一次只講解《薄伽梵歌》的某一特定詩節，或一組詩節，或某一章。只有在現代，因為我們手上有一本完整印好的書，所以才會想要逐章逐節，把《薄伽梵歌》從頭到尾一次讀完，並希望能努力前進，一鼓作氣攻下解決方案的峰頂。不過，當我們嘗試這樣做時，卻往往會感到灰心。因為《薄伽梵歌》的寫作方式不同於現代，它不是線性的：有些同樣的觀念分散在不同的章節裡，有很多觀念則不斷重複，還有些觀念則假定讀者已經擁有早期吠陀經典和奧義諸書（Upanishads）等文獻中的知識。事實上，《薄伽梵歌》（第十三章第五節）還明確提及了《梵

經》（*Brahma sutras*），也就是《吠檀多經》（*Vedanta sutras*），據說是由跋多羅衍那（Badarayana）所作，此人有時被認為和毗耶娑（Vyasa）是同一人。此外，在有些地方，同一個單字在不同的詩節中表達的是不同的含義，而有些地方則用不同的單字來表達同一個概念。例如，atma一詞的意思有時指稱「意識」，有時則指稱「靈魂」。可也有些時候，指稱靈魂時不使用atma，而是用「體內永生者」（dehi）、「至上本體」（brahmana）和「至上意識」（purusha）之類的單字。這點可能會讓一般讀者感到相當迷惘，甚至造成多種解釋。

因此，有別於傳統的《薄伽梵歌》譯本把一節一節詩文逐句翻譯，再加上注釋評論的那種呈現方式，《我的薄伽梵歌》是按照主題來鋪陳的。這些主題的排列方式大致上是遵循《薄伽梵歌》的內容順序，然而，每個主題會跨越數章，並以相關詩節來進行解釋。我選擇了用意譯的方式呈現這些詩節，而非字譯或音譯。《薄伽梵歌》若要與之前的吠陀經典、奧義諸書和佛教故事，以及之後的《摩訶婆羅多》、《羅摩衍那》和往世書等經典史籍並列，意譯的詩節會更具意義。把印度的世界觀與其他文化的世界觀加以對照、置於歷史脈絡中，也會讓人有更進一步的深入體會。

在本書最後有一份（原文）書單，推薦給追求標準字面翻譯和線性方法的讀者。

## 原因之二：《我的薄伽梵歌》是主觀的

我們從未親耳聽到奎師那告訴阿周那的話，我們只是間接聽到全勝（Sanjaya）如實地傳遞訊息給身在舒適宮殿中那位失明的君王持國（Dhritarashtra）。由於全勝擁有心靈感應的視力，他見證了遙

遠戰場上所發生的一切。我們間接聽到的《薄伽梵歌》，基本上是由一個無實權卻有無限視力的人（全勝），向一個無視力但握有大權的人（持國）所講述的。這種敘事上的特殊狀況讓人注意到「所講述的內容」（知識）與「所聽進去的內容」（了知、智慧）之間有巨大落差。

奎師那和全勝所說的話有可能完全一樣，不過，奎師那知道自己在講什麼，全勝卻未必。奎師那是知識源頭，而全勝只是傳遞者。同樣地，全勝聽到的，與阿周那聽到的並不相同，與持國聽到的也不相同。全勝聽到了這些話，卻不用管是什麼含義。阿周那是求道者，因此他會去解碼所聽到的內容，以便找到解決自己問題的方法。持國對奎師那所說的內容則沒有興趣。儘管阿周那提出了許多問題，並反覆要求澄清說明，讓奎師那的「講道」也成為了一場「對話」，但持國卻始終保持沉默。實際上，持國很怕奎師那，因為奎師那就快要與他的孩子們（俱盧族）作戰了。因此，他會去批判奎師那所說的話，只接受對他有用處的，而忽略掉他覺得沒有用處的。

**▼間接聽到《薄伽梵歌》示意圖**

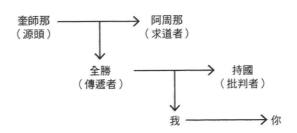

我不是《薄伽梵歌》的源頭，但我不想如全勝那般，僅僅只是一個傳遞者。雖然我並沒有想要解決的問題，也不是站在即將開打

的戰場上，但我想要理解，想要像阿周那那樣地去體會。但自古以來人們都說，奎師那所闡釋的吠陀智慧不僅僅只適用於阿周那的難題，也適用於所有情境。因此，我花了幾個月的時間聆聽《薄伽梵歌》的梵語原音，欣賞其音樂性；也閱讀了許多關於《薄伽梵歌》的評論、改寫的故事和翻譯著作；我用印度神話的模式來勘測在《薄伽梵歌》中所出現的模式，並將這些模式與佛教、希臘與亞伯拉罕神話中的模式進行比較和對照。本書包含了我對《薄伽梵歌》的理解，是我個人主觀上的真理，是「我的《薄伽梵歌》」。各位讀者可以像阿周那那樣出於好奇、也可以像持國那樣以懷疑和批判的心態來看待本書。你會帶走的，將會是你自己主觀認知上的真理：「你的《薄伽梵歌》」。

對客觀真理的追求（奎師那到底說的是什麼？）總是引發「爭議」，而在爭議中，你想證明自己的真理就是真理，我也想證明我的真理才是真理。然而，對主觀真理的追求（亦即《薄伽梵歌》對我個人的意義為何？）則帶來「對話」，你我可以欣賞彼此的觀點，並拓展我們各自的真理。如此一來，人人都可以藉由聆聽身邊各種版本的《薄伽梵歌》，按照自己的節奏、自己的條件來持續探索《薄伽梵歌》。

▼爭辯與討論

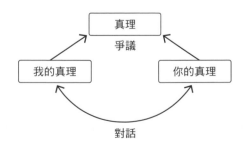

追求「客觀性」就要講求「精準度」，不容許一絲偏差，但這簡直就像一神論神話中那個醋勁大發的神。然而，意義會隨著時間、讀者特質和語境而轉變。「主觀性」則與「觀念是固著的，而且可被操控」這一假定說法大異其趣；「主觀性」崇尚「流動」。現代全球的講道內容都傾向於從「定性分析」的角度來定義真理：凡事非真即假。凡屬客觀者便為科學、為真，凡屬主觀者則為幻想、為假。但是，印度思想是從「定量分析」的角度在看待真理的：每個人都可以看到一小部分真理，看到全部真理的人是薄伽梵。有限的真理是虛妄，無限的真理是絕對真理。絕對真理是關於「涵蓋一切而且完整」的狀態。通往無限真理的旅程會擴展我們的心念（梵）。

《薄伽梵歌》本身即重視主觀性：奎師那說完祂的意見後，便告訴阿周那要深思祂所說的話，然後再按照他自己的感覺去做事。全勝針對奎師那的講道中隱含的提議，在講出了自己對這些提議的觀點後，最後也是用「這是我的意見」（mati-mama）來作為《薄伽梵歌》的結語。

## 原因之三：《我的薄伽梵歌》並沒有那麼強調「自我」

傳統上，《薄伽梵歌》一直被當作是專門論述「自我覺悟」的靈性知識的經典。這一點的確頗適合自外於社會群體的修道人，而且，這也不足為奇，因為在早期，大多數評論或講述《薄伽梵歌》的人如商羯羅（Shankara）、羅摩奴遮（Ramanuja）、瑪德瓦（Madhwa）和嗲內須瓦拉（Dyaneshwara）都選擇不當在家居士。佛教最初的修行制度或許沒能在印度留存下來，但對印度教修行制度的崛起與盛行，佛教確實扮演著關鍵角色。寺院的修行態度，即

使其本意並不在於吸引現代的個人主義者，卻仍
然吸引到了這些人，因為他們也在追求自我探
索、自我反省、自我實現，當然還有自拍
上傳呢。

　　然而，《摩訶婆羅多》講的卻
是關於家族、人際關係還有他者的
事；基本上，講的就是一樁關於家
產的爭議。阿周那的難題始於他
意識到敵人正是自己的家人，他
擔心殺死家人對整個社會可能
造成什麼影響。奎師那
的論述中不斷提及「祭
祀」（yagna），這是一
種將個人與社會連結的吠陀
儀式。祂詳細說明了個人

商羯羅

與神之間的關係，祂將前者稱為「個體靈魂」（jiva-atma），後者
則稱為「超靈」（param-atma）；「超靈」一詞在詞源上與「他者」
（para）有關。佛陀論及「涅槃」（nirvana），是要去除個人身分認
同，但奎師那所說的「至上涅槃」（brahma-nirvana，也稱作梵涅
槃），一方面是透過擴展心念（梵）而帶來解脫，但諷刺的是，另
一方面卻也帶來「連結」（瑜伽），顯示出其與修行的孤立主義大
相逕庭。這就是為什麼在印度教寺廟中，神總是有女神為伴，神是
以在家居士的形相顯現的，祂是有另一半的。奉獻者觀見神像時，
神像同樣也用祂那眨也不眨的大眼睛與奉獻者對望；他們之間的關
係是「雙向」的，而非「單向」。

▼個人與神之間的關係

你、我和整個世界可以成為什麼

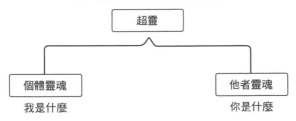

| 個體靈魂 | 他者靈魂 |
|---|---|
| 我是什麼 | 你是什麼 |

在《薄伽梵歌》的第五章第十三節，奎師那說人體是一座有九個城門的城市：雙眼、雙耳、兩個鼻孔、口、肛門和生殖器各一。每段人際關係都涉及兩個人、兩個身體、自己和別人、你我、兩座城市——共有十八個城門。《薄伽梵歌》共有十八章，旨在理解《摩訶婆羅多》的十八篇，講述的這場大戰為期十八天，交戰的雙方是由親朋好友所組成的十八支軍隊，這些事實充分表明了《薄伽梵歌》的核心要義即在於「人際關係」。因此，《薄伽梵歌》要滿足的是在家居士的需要，而非修道人的需要。

在十八章的正式內容開始之前，我們會先簡單介紹《薄伽梵歌》的歷史。在這十八章結束之後，我們將討論《薄伽梵歌》對阿周那的影響。

撰寫本書《我的薄伽梵歌》有助於我擴展我的心念。我發現了更多的架構，讓我可以對「真實」有更深入的理解。我希望閱

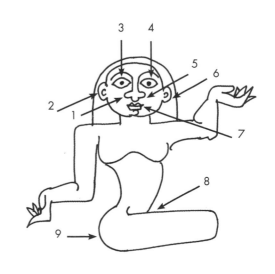
人體的九個城門

讀本書可以讓「你的《薄伽梵歌》」更加充實，並幫助你擴展你的心念。萬一你覺得「非得要找出單一一個不變的客觀真理」，這時，請提醒自己：

永恆真理存在於無限神話中，
誰看見全部了？

風神伐樓拿只有一千隻眼，
天帝因陀羅，一百隻，
你我，都只有兩隻。

# 在時間長河裡的
# 《薄伽梵歌》

《屠夫之歌》
寫在《薄伽梵歌》之前，後者又名《神之歌》。

　　《屠夫之歌》（*Vyadha Gita*）出現在《摩訶婆羅多》比較前面的第三篇，也就是〈森林篇〉（*Vana Parva*），當時的般度族因先前的一場賭局，把他們的王國輸給了俱盧族，爾後便流亡於森林中。《薄伽梵歌》則記載於《摩訶婆羅多》的第六篇，〈毗濕摩篇〉（*Bhisma*），也就是在般度族和俱盧族開戰之前。

　　般度族在森林裡遇見聖人「摩根德耶」（*Markandeya*）時，聽到了一名修道人的故事。這位修道人在冥想時，若偶有鳥屎滴落在他身上，他就會目射火光把小鳥活活燒死。有一次，修道人來到某戶人家求施捨時，那家夫人卻因家務一時走不開而讓修道人等候許久，被耽擱的修道人於是揚言要詛咒她。這時，夫人責備修道人說怎能如此性急，並建議他去密西拉（*Mithila*）找一名屠夫，向屠夫學習吠陀經的奧祕。《屠夫之歌》便是這位屠夫就「法性（*dharma*）、行動、靈性個體（*atma*）」所講的長篇論述，這些內容感動了修道人，讓他回想起多年前被自己所遺棄的父母，決定回家鄉奉養年事已高的雙親。

　　《屠夫之歌》和《薄伽梵歌》的內容都是在「暴力場」開展出來的，分別是肉舖和戰場。這兩部經典中，身體和心靈也是分開的，這一點正是吠陀智慧的特色。比起修道人的退隱心態，這兩部經典也都更重視應以在家居士的角色善用人生。

　　《薄伽梵歌》的特色則在於明確解釋了「神」（薄伽梵）與「奉愛」是什麼。它標示出「印度教」的一個過渡階段——從以古老儀式為主的「吠陀經印度教」，轉化成為以新式敘事為主的「往世書印度教」。

### 印度歷史的研究方法

印度教有五千多年的歷史，可分為八個時期，其中互有交疊的部分。首先是印度河時期，接著是吠陀時期、奧義書時期、佛教時期、往世書時期、奉愛時期、東方主義時期，最後則是現代時期。從印薩兩河文明（印度河－薩拉斯瓦蒂河〔Indus–Saraswati〕）所出土的古代聖像遺跡，至今仍是印度教中的神聖象徵。然而，關於印度河時期的許多知識一向都是由推測而來。隨後的三個時期形成了「吠陀經印度教」，那時沒有廟宇，而且對神的觀念相當抽象。最後的四個時期則形成了「往世書印度教」，其特點是寺廟興起，並且信仰「人格神」，譬如濕婆（Shiva）或祂的一個兒子；毗濕奴（Vishnu）或祂的一個化身；女神薩蒂（Shakti）或祂的許多地方性形相。我們甚至可以稱「吠陀經印度教」為「薄伽梵歌前之印度教」，而「往世書印度教」為「薄伽梵歌後之印度教」，以凸顯出《薄伽梵歌》在印度教歷史上承先啟後的關鍵地位。

吠陀時期開始於四千年前，奧義書時期則始於三千年前，佛教時期兩千五百年前，往世書時期兩千年前，奉愛時期一千年前，而東方主義時期只有兩百年前。正處於新興階段的現代時期，此時的印度人所質疑的是，目前對印度教的理解是以西方架構為基礎。

對於印度教歷史的確切年代只能用推測、大致上的估計來劃定，因為口傳的經文要比文字記載早了好幾百年，而且有些文字記載是由不同地區、好幾代的抄寫員編纂而成，所以通常只能推敲出一個年代範圍。因為印度是在孔雀王朝阿育王（Ashoka）敕令將婆羅米系文字（Brahmi script）廣為流傳之後，亦即直到兩千三百年前才讓這個書寫系統在印度變得普及，此一事實也是造成所有事情都很複雜的緣故。

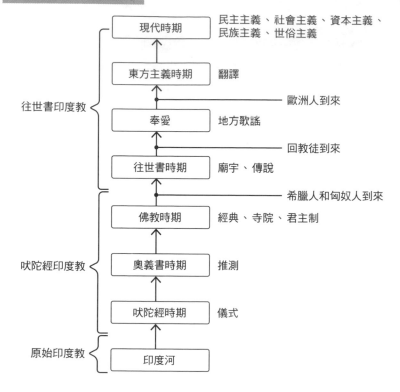

▼印度歷史時期的劃分

在繼續往下探究之前，我們必須牢記，並非所有印度人都能接受以「歷史研究學派」來解釋印度教。「非歷史思想學派」認爲，所有印度教思想都是超越時間的，而有點盲目愛國的「原始歷史學派」則認爲，所有印度教的儀式、傳說和符號，無論是吠陀經或往世書，都是在五千多年前被同時創造出來的。這些說法已經屬於政治議題了，也影響到了學術研究。

歷史企圖成爲人人的眞相，卻因能否取得事實而受到侷限。大都被當作歷史而流傳下來的其實是「神話」，亦即某人對眞相的理解，儘管那個理解只是他個人的記憶、感覺和欲望、可取得的事實所形成的。然而，神話絕非幻想，也不是沒有人相信的眞相。

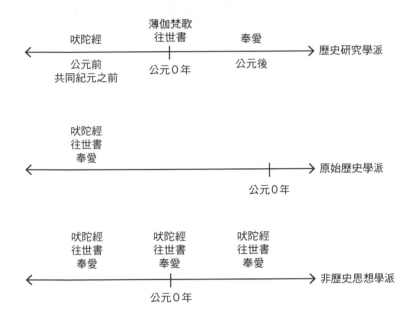

▼歷史研究學派、原始歷史學派、非歷史思想學派的時期進程

　　我們還必須防範只著眼於「衝突和勝利」的男性史觀：土著對殖民者、多神論者對一神論者、印度教徒對佛教徒、基督教徒對穆斯林、什葉派對遜尼派、濕婆信徒與毗濕奴信徒、新教徒對天主教徒、蒙兀兒帝國對馬拉塔帝國（Marathas）、民主制度對君主制、有神論對無神論、資本主義對社會主義、自由主義對保守主義。這種史觀已因為西方學者及其對黑格爾辯證法的熱愛而蔚為風潮，影響所及，就是論述會不斷產生反面論述，直到有新提案和新論點出現為止。持這種觀點的人已經假定了歷史自有其方向與意義。

　　與男性史觀交替出現的女性史觀，則是將每個事件都看作是過去行動的果報（行動－果實〔karma-phala〕），而每個事件同時也是未來可能行動的種子（行動－種子〔karma-bija〕），因此認為沒有必要去裁決好壞對錯。所以，我們可以把《薄伽梵歌》的記載看

作是在回應，而非攻擊佛教的修行方法，而佛教的女性化也是在回應，而非盜用印度教往世書中的女神思想。空虛中生不出想法。不同的想法有時倒能說得清楚。舊觀念與新觀念共存著，矛盾的想法相互影響，在此，世界無起點、無終點、無價值、無意義，所有意義都是由人類個別地、集體地所創造出來的：我們建立了界線，卻又因為界線而爭吵不休。

**▼男性與女性的史觀差異**

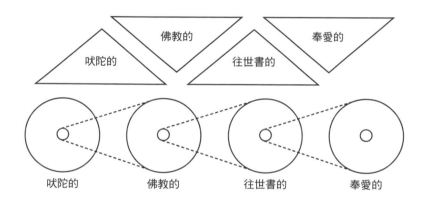

在全世界的大部分地區，新觀念會壓制、甚而消滅舊觀念。但是在印度，由於吠陀思想的本質抽象，新的世界觀（無論是本地的佛教、奉愛，或是外地的伊斯蘭教和基督教）只是以不同的方式更加肯定了吠陀思想。這些同樣的思想仍然顯現於擁有四千年歷史的各種吠陀儀式、兩千年歷史的傳說、一千年歷史的寺廟藝術和建築，以及五百年歷史的奉愛詩歌當中。

吠陀思想的這種韌性，讓後來的經典（如《梵經》）把吠陀經的來源描寫為「並非源自於人類」，這意味著吠陀思想不是凡人編造的：吠陀思想是大自然的倒影。不過，為了給吠陀經貼金而說它

是超人的、超自然的，這類說法也很常見。

　　吠陀經基本上是指近四千年前所匯集的一系列讚歌、旋律和儀式，以象徵和隱喻的方式傳達知識，這些知識是先知（聖哲）們的觀察心得；先知看到了別人沒看到、不想看、不能看到的東西。奧義諸書是對這些知識的推測說法，而佛教和其他修行體系則反對從這些知識衍生而來的儀式。這些知識都充實了《薄伽梵歌》的內容，包括《羅摩衍那》和《摩訶婆羅多》等偉大史詩在內的往世書中，對《薄伽梵歌》中所提及的觀念，不僅舉例說明，而且常有詳盡的闡述。這些內容在奉愛時期則予以簡化，並以各地方言流通。從十八世紀開始，也出現英語版本。這就是爲什麼要研究《薄伽梵歌》的話，必須也要將吠陀經、奧義諸書、佛教、往世書、奉愛和東方主義這些內容考量進來的原因。

**▼經典間的影響、舉例說明、詳盡闡述示意圖**

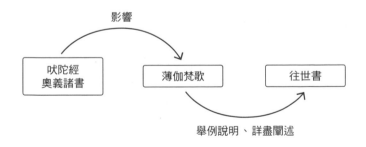

## 「歌」之系列與印度教的重新架構

　　兩千年前，南亞社會爲兩個極端抉擇所撕裂。一方面，眾多君王建立了偉大的帝國，例如難陀王朝（Nandas）、孔雀王

朝（Mauryas）、巽伽王朝（Sungas）、甘婆王朝（Kanvas）、百乘王朝（Satavahanas）、貴霜王朝（Kushanas）和笈多王朝（Guptas），他們宣告了繁榮盛世的到來，卻也大規模地施行暴力。而另一方面，修道人（沙門〔shramanas〕）如耆那教徒（Jains）、阿耆毘伽教徒（Ajivikas）和佛教徒，他們都說家庭是苦難之地，並在寺院的獨處中尋求慰藉。包括君王們在內，有愈來愈多的人選擇了修道人的生活方式，因而放棄婚姻、家族事業和家庭責任，也引發了極大的社會恐慌。月護王（Chandragupta Maurya）皈依了耆那教，他的孫子阿育王則信奉佛教。

在此之前的兩千年，整個社會都是以吠陀知識為主。吠陀的核心是「祭祀」儀式，其內容是有關「交換、為求得到先要付出」，從而在發起該儀式的「主祭人」及「他者」——家人、朋友、陌生人、祖先、神眾、大自然和宇宙——之間建立關係。一切都與家族觀念有關。

▼隱士與在家居士之間的對立

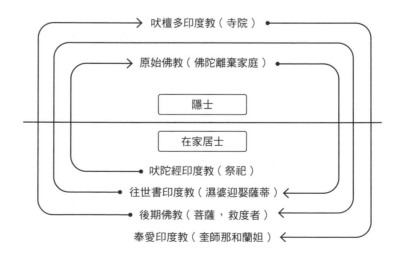

　　吠陀時代也有隱士，他們就是「聖哲」（先知），步入婚姻，但對哲學的探索遠大過對物質的野心。有些是「棄絕者」，在完成所有家庭職責後，選擇棄絕家庭。還有「苦行者」，選擇獨身，全心追求「神通」之成就。吠陀經所展現出來的世界是，在家居士與隱士各自所走的路並無衝突，一如傳說中佳納卡王（Janaka）仍統治著密西拉國那樣。

　　《梨俱吠陀》（Rig Veda）的歌詠、《娑摩吠陀》（Sama Veda）的讚頌、《夜柔吠陀》（Yajur Veda）的儀式，甚至連《阿闥婆吠陀》（Atharva Veda）的咒語都在傳達吠陀經的思想。把《阿闥婆吠陀》納入吠陀經，這種想法的出現是相當後期的一種現象。更後期的是史詩《摩訶婆羅多》，甚至是討論藝術美學的《舞論》（Natya Shastra），都被視為第五部吠陀經。

　　吠陀思想的傳遞具有高度的象徵性，傳遞思想的責任在於「祭司」（婆羅門），而解碼這些思想的責任則在於「主祭人」。好幾個世紀以來，隨著社會規模和複雜性日漸擴增，經濟和政治現實的演變，多元族群所組成的村落取代了部落和氏族，從而產生了王國及後來的帝國，吠陀思想的傳遞漸漸行不通了。於是，吠陀經知識的傳遞者「婆羅門」扮演起解碼的角色。換句話說，圖書館員變成教授！因此，頌歌和儀式不再被視為具有象徵意義的謎，而是一旦解碼，便能解開世界的奧祕。不過，它們後來也變成了求財消災的神奇工具。

　　很有可能是這種「追求唯物主義大過探索自我」的趨勢導致「沙門」崛起，他們反對婆羅門及後期婆羅門所主張的儀式，就連吠陀文化圈內的人也覺得確實有重整吠陀思想之必要。

　　印度教在接下來的一千多年之間相當有系統地重整架構了。沒有權威人士帶頭，各方賢達紛紛棄頌歌與儀式，以說故事的方式作

為媒介來傳遞吠陀思想。故事內容以傳說事件的敘述為本，有些是真實經歷，有些則為想像。這些故事都是「開放使用者自由修改」，劇情的發展和反轉逐漸成為複雜的拼圖碎片。參與的每個人都不具名，成果則歸功於一位名為毗耶娑的漁夫之子。重整遺失的吠陀經也歸功於他。「毗耶娑」一詞意即「編纂者」：他既為吠陀知識的編纂者，也是往世書傳說的編纂者。

**▼吠陀經的傳播結構**

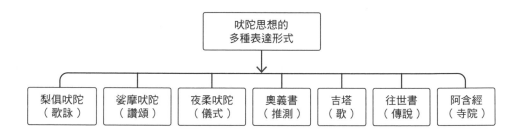

毗耶娑所編纂的內容稱為往世書，實際上為歷史故事，其中包括史詩《羅摩衍那》與講述爭奪家族財產的《摩訶婆羅多》。這類歷史也稱為「現場歷史」（伊提哈薩〔Itihasa〕）。從梵文字面上看，「伊提哈薩」指的是過去的故事，而其所象徵的則是過去、現在或將來的——永恆而真實的故事。他們反覆重申「伊提」（iti）的這個概念，即是「如實現場」——承認在人際關係、家族和人生裡的性與暴力、欲望與衝突的真實場面。

認同「伊提」的人是「正統派」（astikas），否認「伊提」的人是「非正統派」（nastikas）。後來，印度教轉變為比較有神的概念後，「伊提」意即「對神的信仰」，於是「正統派」與「非正統派」也才有了信徒和非信徒的含義。

　　不同於佛教的修行體系總是談論到退隱與棄絕，這些故事經常提到的是，儘管參與社會生活、承擔責任，人還是能得到解脫。以對話形式呈現的吠陀智慧，總是能解決各種家族糾紛和財產爭議。在一般情況下，這些對話會轉為「歌」之系列，並使用「四行詩」（anuṣṭubh）格律以抒發情志，其中每節經文有四個句子，每個句子有八個音節。

　　《摩訶婆羅多》本身除了《屠夫之歌》和《薄伽梵歌》之外，還包含其他許多的「歌」。在《摩訶婆羅多》第十二篇的〈平靜篇〉（Shanti Parva）裡面，毗濕摩向般度五兄弟揭示了九部歌：《妓之歌》（*Pingala Gita*）、《祭司之歌》（*Sampaka Gita*）、《農人之歌》（*Manki Gita*）、《苦行者之歌》（*Bodhya Gita*）、《國王之歌》（*Vichaknu Gita*）、《退休者之歌》（*Harita Gita*）、《魔之歌》（*Vritra Gita*）、《哲人之歌》（*Parasara Gita*）、《天鵝之歌》（*Hansa Gita*）。《摩訶婆羅多》以外則有《八曲仙人之歌》（*Ashtavakra Gita*）、《聖哲極裕仙人之歌》（*Vasishtha Gita*）、《羅摩之歌》（*Ram Gita*）、《濕婆之歌》（*Shiva Gita*）、《女神之歌》（*Devi Gita*）、《象頭神甘尼薩之歌》（*Ganesha Gita*）等等。

### ▼在經典之洋中定位《薄伽梵歌》

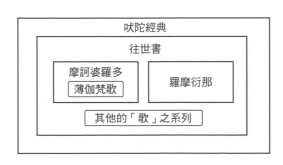

當然，在「歌」之系列中，《薄伽梵歌》一直是最廣為人知的，其內容是在般度族五兄弟與其俱盧族百名堂兄弟於俱盧之野要決一死戰之前，擔任戰車御者的「奎師那」回答同乘戰車的弓箭戰士阿周那的提問。《薄伽梵歌》是如此深入民心，以至於今天我們若說 The Gita，指的就是《薄伽梵歌》。

《薄伽梵歌》的最終版本分為十八章，共有七百節詩文，其中奎師那講的有五百七十四節，阿周那八十四節，全勝四十一節，持國一節。也有人說《薄伽梵歌》原來有七百四十五節經文。儘管看起來確實像是一場講道，但這也是一段對話，這場對話進行了九十多分鐘，與此同時，雙方全副武裝的戰士們正迫不及待地要衝鋒陷陣了。這個插曲是一個有時限的物理客觀事實（歷史），或者是一個無時限的心理主觀事實（神話），至今仍然見仁見智。

## 《薄伽梵歌》的評注、重述與翻譯

《薄伽梵歌》最終版本出現之後，又過了將近五個世紀，才開始有人加以注釋。造成這段時間差的原因仍是個謎，當時吠陀思想廣為流傳，但並沒有人特別注意到奎師那與阿周那在《摩訶婆羅多》中的這場特殊對話。

對《薄伽梵歌》的評論大約出現在伊斯蘭教進入印度之時。世界上最古老的清真寺之一，即於西元第七世紀建於馬拉巴爾（Malabar）海岸，而第一位為《薄伽梵歌》撰寫詳盡評論，並使之成為「吠檀多」重要經典的阿迪·商羯羅（Adi Shankara）也是於第八世紀出生於馬拉巴爾海岸地區，之間的關聯性不容否認。這是純粹巧合，也或者是《薄伽梵歌》再起的原因，各方仍然只能猜測，甚至淪為現代政治操作的工具。

　　伊斯蘭教來到印度後，印度接觸到亞伯拉罕神話：有一個無形無相的神，有一本聖書、一套規矩，還有一種思維方式強烈排斥階級制度和偶像崇拜。基督教和猶太商人在以前也曾引進過很多這類想法，但影響力未曾企及伊斯蘭教這樣大的範圍。隨著許多穆斯林在印度定居，並開始統治許多王國，許多印度族群改信伊斯蘭教，這勢必影響了印度教思想。然而，受到伊斯蘭文化影響的程度，引發了激烈的辯論。

　　在長達一千兩百年的時間，共有五波浪潮推動人們大規模閱讀《薄伽梵歌》。

　　第一波浪潮與吠檀多學者的梵文「評注」有關，其中最為著名的是第八世紀來自喀拉拉邦（Kerala）的阿迪·商羯羅，其次是第十一世紀來自坦米爾納杜邦（Tamil Nadu）的羅摩奴遮，以及第十三世紀來自卡納塔克邦（Karnataka）的瑪德瓦·阿查里亞（Madhva Acharya）。他們關切神的本質，以及人神關係。神在人的裡面，或在外面？神是有形體的，還是無形無相的？他們所用的詞彙深具知識性。重要的是，這三位評注人都是守貞僧侶，要不是單身，要不就是放棄了婚姻生活，並建立了印度教的寺院，這也很清楚地表明，曾經崇尚在家居士之道的印度教，最終竟仿效了本身以前一直嘲笑的佛教隱士之道。此事促成了較為知識性的吠檀多，與較為感官性的譚崔（Tantra）逐漸分道揚鑣，前者成為主流，而後者則被視為祕教。

　　第二波浪潮則與以各地方言的「重述」有關，其中最早的是十三世紀馬拉地語（Marathi）的簡恩內須瓦拉（Gyaneshwara），接著是十四世紀馬拉雅拉姆語（Malayalam）的尼若南·瑪德瓦·潘尼卡（Niranam Madhava Panikkar）、十五世紀泰盧固語（Telugu）的佩達·提如瑪拉恰亞（Peda Tirumalacharya）、十五世

紀奧里亞語（Odiya）的大力羅摩・達斯（Balarama Das）、十六世紀阿薩姆語（Assamese）的戈文達・米盧拉（Govind Mishra）、十七世紀馬拉地語的達叟潘特・迪甘巴拉（Dasopant Digambara）與涂卡拉姆（Tukaram）等等。這些地方性作品當中所使用的語氣極具情感，詩人使用極為個人化又親切的詞彙來形容神。簡恩內須瓦拉甚至稱呼奎師那為「母親」，並把祂比擬為母牛，用名為「神之歌」的牛奶安慰受驚的小牛阿周那。《薄伽梵歌》的智慧正是透過這樣的重述（通常以歌曲形式呈現）而深入普羅大眾的心。描述奎師那幼年時期牧童生活的《薄伽梵往世書》（*Bhagavad Purana*），又稱為《薄伽瓦譚》（*Bhagavatam*），正是在這一階段成為印度教的主要經典。也正是在這一時期，《薄伽梵歌》現身為人格化的女神，為了冥想著她而創作詩歌（Gita Dhyana），並頌讚她的榮光（Gita Mahatmya）。《薄伽梵歌》的誕生日（Gita Jayanti），是瑪格希沙月（十二月〔Margashisha〕）月亮漸圓的第十一天，一般認為就是奎師那向阿周那及全世界揭示智慧的那一天。

第三波浪潮來自於歐洲人士的「翻譯」，其中包括十八世紀時，東印度公司所贊助歐洲的東方主義學者如查爾斯・威爾金斯（Charles Wilkins），以及十九世紀的詩人如艾德溫・阿諾德（Edwin Arnold），他們還向歐洲介紹了佛陀及許多東方的概念。他們追求能夠客觀正確地閱讀《薄伽梵歌》的內容，也隱約暗示著評注、重述與如詩般的解讀只

簡恩內須瓦拉

能當作輔助說明——因為太主觀、因為會被藝術創作的自由污染，所以是次等的。這類譯者是基督教徒，他們像穆斯林一樣，是浸泡在亞伯拉罕一神論神話中的人，認為神是知識的主要來源，而人類則是需要遵循神的道路的罪人。自然而然，他們把《薄伽梵歌》裡的神視為法官。這種觀念與印度教並不相容。《薄伽梵歌》卻因此自然成了神的誡命，印度教的聖經！這些翻譯作品產自東方主義學者對梵文單字的釋義，加上根源於以亞伯拉罕神話為基礎的種種假定，卻一直受到認可，並在現代人對《薄伽梵歌》的理解上造成了深遠的影響。

第四波浪潮則是出自印度民族主義者的「重新翻譯」。在二十世紀初期，印度獨立運動勢不可擋，而且迫切需要把次大陸上各個民族整合為同一論調。用《薄伽梵歌》來達成此一目的似乎不錯，但不同的領導人對此卻有不同看法。斯瑞‧奧羅賓多（Sri Aurobindo）在《薄伽梵歌》中發現了古代文明的神祕思想，而安倍多伽爾（B.R. Ambedkar）則指出，《薄伽梵歌》似乎證明了嚴格種姓制度的合理性。巴爾‧甘格達爾‧提拉克（Bal Gangadhar Tilak）在其中找到了為正義施暴的理由，而聖雄甘地（Mahatma Gandhi）則找到了「非暴力」這條道路的靈感。在這個時期，佛陀的話語已流傳全世界，並拿來與奎師那所說的話互相比較。最後，阿周那的困境被徹底、重新地表述成：他的提問變成比較像是在問「我怎能殺人？」而不是「我怎能殺害家人？」

第五波浪潮則牽涉到兩次世界大戰結束後的「重新架構」，以共和體制與民主國家取代了殖民帝國。飽受暴力摧殘的世界亂了套，對於解釋《薄伽梵歌》莫衷一是。羅伯特‧歐本海默（J. Robert Oppenheimer）說原子彈就是奎師那的宇宙形相，這種說法容易讓人負面解讀。阿道斯‧赫胥黎（Aldous Huxley）認為《薄伽

梵歌》有點像「長青哲學」，可以連結到全人類。《薄伽梵歌》成為講求和平的印度教徒的權威聖典。靈性導師開始將《薄伽梵歌》投射為神的命令，加上有「解脫」這一明確目標，而將印度教轉變為「宗教」。管理學大師則用《薄伽梵歌》來說明領導力、道德、治理和制勝法寶。到了一九八〇年代，在網路世代爆炸之前，《薄伽梵歌》的譯本有近五十種語言，估計有三千個版本，其中英語版本為數有上千之譜。

近來，有些美國學者質疑《薄伽梵歌》與和平有何相干。這些人常把印度教投射成為一種專制暴力的產物，或是所謂的婆羅門教（Brahminism），其目的是為消滅佛教和平主義，並傳播促進父權思想與賤民卑污的階級制度。於是，《薄伽梵歌》成為一堆替暴力辯護的複雜理由。任何反對這一觀點的人，就會被視為宗教的基本教義派，或者是印度的民族主義者。這種說法很幼稚，或許也是有意將印度教強行塞進以強調衝突為主的男性史觀裡面，這種制式觀點在西方長久以來受到青睞，但確實有愈來愈多人譴責這是「印度恐懼症」，尤以世界各地的印度裔為最。逐漸地，歷史學家注意到許多南亞學者及民族主義者，他們的深重偏見和文化背景，也都會影響著他們解讀事實的方式。

有目共睹的是，這每一波浪潮都是出自於對某個歷史環境的回應，無論是在佛教和伊斯蘭教時期放大了印度教的有神論部分，又或者是印度轉變為英國殖民地、獨立運動的興起或帝國的終結、意識形態為無神論的世俗民主國家崛起、日益數位化的全球村卻有個人身分認同危機，無論是哪一種情境，似乎人人都厭倦了暴力，卻又無人能拋棄暴力。

你我所處的時代獨一無二。我們可以認識到《薄伽梵歌》的歷史與其創造，以及隨時間而產生的演變。我們更加了解世界各地不

同的地理、歷史、神話和哲學，可以用來與《薄伽梵歌》進行比較對照。我們可以獲取有關動物、人類與發展心理學的研究。我們也知道，任何對《薄伽梵歌》的研究，說到底，都是在研究人類如何看待這個世界，印度人如何看待這個世界、西方想要如何看待印度、印度想要如何看待印度，以及我們想要如何看待《薄伽梵歌》。

你我並不是在追尋唯一一個真實信息，而是必須去覺察幾世紀以來所出現的眾多想法，並找出連結它們或分離它們的要素。在各種譯本、評注和重述當中，我們確實發現了一種共同趨勢，那就是去覺察自我（阿周那）與他者彼此之間的關係。站在我們這邊的人（般度族）、站在對面的人（俱盧族）、站在每個人身邊的那個人（奎師那），當然還有財產（俱盧之野）。我們與他者的關係（無論是事物或是生物），以及他者與我們的關係便決定了我們的人性。這是永恆真理，是我們祖先的發現，也是我們將在本書《我的薄伽梵歌》當中持續探索的內容。

# 第二部

## 我的薄伽梵歌

神的宇宙形相

　　接下來，我們將一起探索《薄伽梵歌》的十八個主題，並於外在世界的各種關係與內在世界的思想情感之間穿梭前進。一開始，要覺察如何「看見」世界和我們自己。然後，我們會了解所居住的世界的結構，其組成分子包括我們在內心及身邊各種有形與無形，如「真我、身體、體內永生者、行動」。之後，我們將看到人如何透過「法性、祭祀、瑜伽」與社會連結。然後，將領會到「神」的概念（半神人〔deva〕、薄伽梵、至上本體〔brahmana〕、化身〔avatara〕）就存在於所有人的裡面，也能幫助我們克服恐懼，免於因恐懼而脫離社會。因為對內在神性缺乏信仰，我們便會尋求外在的安慰如財產（土地、假象）。因此，我們在內部和外部之間拔河。若是癡迷，就會被困住；一旦放手，方得解脫。若有「真我」相伴，我們會變得「獨立又喜樂」，但同時也知道自己需要多方仰仗他者，而能以寬裕之心相待（至上涅槃）。

**▼本書的章節結構**

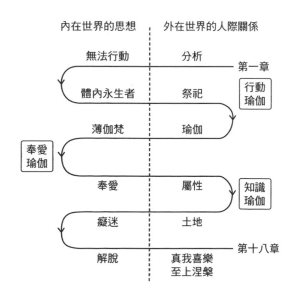

　　爲了詳述一些概念，以利讀者理解，所以本書的主題順序會與
《薄伽梵歌》原來的主題順序略有不同。

▼《薄伽梵歌》與《我的薄伽梵歌》架構比較

| 《薄伽梵歌》各章主題 | 章別 | 本書各章主題 |
| --- | --- | --- |
| 阿周那悲傷絕望 | 一 | 看見（觀） |
| 分析摘要（數論） | 二 | 反覆投生（靈性個體） |
| 有見識的行動（業） | 三 | 必死之軀（身體） |
| 對交流的感謝（知識） | 四 | 體內永生者 |
| 不執著的行動（棄絕） | 五 | 因與果（業與業力） |
| 內在旅程（禪那） | 六 | 適當行為（法性） |
| 內在潛能（智慧） | 七 | 交換（祭祀） |
| 反覆投生或解脫（不滅不朽） | 八 | 自省（瑜伽） |
| 極密之王（極密知識） | 九 | 信任（神性－魔性） |
| 描述神性（遍一切處） | 十 | 潛能（薄伽梵） |
| 看見神（宇宙形相） | 十一 | 擴展心念（梵） |
| 有形或無形（奉愛） | 十二 | 收縮心念（化身） |
| 財產擁有權（剎土） | 十三 | 物質傾向（屬性） |
| 物質傾向（屬性） | 十四 | 財產擁有權（剎土） |
| 潛能（至尊者） | 十五 | 測量（假象） |
| 信徒（神性－魔性） | 十六 | 依附執著（癡迷） |
| 奉愛的多樣性（信仰） | 十七 | 解放（解脫） |
| 解決方案摘要（解脫） | 十八 | 合一（至上涅槃） |

# 不要批判、要看見

## 批判帶來分別，也帶來界線

　　印度神話並沒有「最後的審判」（或阿拉伯語 qayamat）這種概念。印度教的神不是審判法官。因此，奎師那並沒有在《薄伽梵歌》中給予任何誡命。祂只是簡單解釋了這個世界的構造。一旦有了批判，我們就看不到這個世界的本來面目，只會著了魔似地被自己所劃定的界線鎮住，把我們認定的家人與認定的敵人區分開來，正如《薄伽梵歌》第一章所呈現的那樣。

　　這一章也說明了在吠陀經典、《薄伽梵歌》、《摩訶婆羅多》中所隱含的概念——「看見」，或稱「觀」、「觀見」——然而，「看見」或「觀見神像」在往世書印度教時期的廟宇中是一個外顯儀式，那是讓奉獻者能「凝視」神壇上的神像，而神像也目不轉睛地與他們對望著。

《薄伽梵歌》一開始講的就是持國、難敵（Duryodhana）和阿周那各自如何看待這同一個「俱盧之野」戰場。以下是持國在《薄伽梵歌》第一節中所說的話，這也是他所說的唯一一段話：

> 全勝啊，告訴我，我的兒們與般度之子群聚於俱盧之野，法性之地，必得做那該做之事，現在究竟如何？
>
> ──《薄伽梵歌》第一章第一節（意譯）

持國是俱盧家族的族長，而其下兩個分支就要在戰場上兵戎相見。理所當然的是，持國會急於確認那裡發生了什麼事情，他也關切他們在那裡所做的事情是否正當，因為他稱俱盧之野為「法性之地」（dharma-kshetra）。但是，「俱盧族」僅僅被他用來指稱「我自己的」兒子們，侄子們則被他稱為「般度族」，也就是「般度的兒子們」，而不是「我弟弟的五子」。因此，他表達出來的是由衷地排斥「般度族」；他認為般度族不是家人，而是局外人、入侵者，甚至是敵人。他沒有意識到他這種排斥心正是毀滅俱盧家族的「非法性」（adharma）根源。持國失明，與其說是視力喪失，還不如說是缺乏同理心。

持國失明也牽連到他的長子難敵，皇家御者全勝接下來就描述了難敵在戰場上的行為。

> 君王啊，您的兒子一見敵人準備充分也不覺訝異。畢竟，對方的總指揮猛光（Dhristadhyumna）和難敵同樣拜師在德羅納（Drona）門下。難敵宣稱般度族雖有強大的怖軍（Bhima）領導為數有限的軍隊，然而戰無不克的老將毗濕摩就站在他這邊領軍，而且他兵力源源不

絕。話雖如此，他還是下令，要眾兵將不惜一切代價
定要全力守護毗濕摩。

　　　　　　　——《薄伽梵歌》第一章第二至十一節（意譯）

　　儘管難敵擁有十一支大軍，
而般度族僅有七支，但據全勝
所述，難敵在說話時流露出了惱
怒、不安全感與浮躁。

　　全勝接著描述阿周那進入
戰場的情況。看起來自信滿滿
的阿周那手持戰弓，站立在四
匹白馬拉著的戰車上，車頂上
飛揚的旗幟是強大的猴神哈努曼
（Hanuman）的形相。阿周那要求
戰車御者奎師那帶他到兩軍之間
的戰場中央。在那塊兩軍之間的

全勝

無主荒地上，即將開展的悲劇重重地震撼了他：兩邊都是至親好友
啊！長輩、老師、叔伯、侄子、女婿、岳父。在阿周那面前的，
正是他應該去保護的人，也應該是要保護他的人才對啊。此時卻恰
恰相反，對方意圖要殺死自己，而自己也想殺死他們。為什麼？
就為了一塊土地！這怎麼會是對的事，怎能稱得上好事？這又會對
整個文明產生什麼影響？

　　奎師那呀，持國的兒子們和我們是一家人。是貪婪讓他
　　們看不出這種可怕的局勢，但我們怎麼能殺他們？如
　　果我們為了家產去殺死家人，那為什麼女人還要費心守

貞潔，族群之間何必還要守界線？所有儀式都拋棄好了，所有祖先都遺忘好了。那些打破家族體制規矩的人，肯定會掉進地獄裡。

——《薄伽梵歌》第一章第三十七至四十五節（意譯）

阿周那的反應雖充滿著恐懼與困惑，卻跟持國及難敵的觀點截然不同。俱盧族父子已清楚劃出了界線，把他們認定的自己人與外人、入侵者，甚至敵人斷然分開來了，但是，阿周那的界線游移未決：家人怎麼會是敵人？

## 看見，與不去看見

根據《摩訶婆羅多》記載，阿周那是個神射手，能射中飛鳥的眼睛，完全不會被上方的雲彩、下方的樹林分散注意力。然而，在俱盧之野，阿周那卻無法瞄準目標，因為他「看見」了親朋好友。他質疑自己要殺害他們是不道德的，也質疑這種暴力行為對整個社會造成的後果。困擾他的其實並不是暴力，畢竟他以前也殺過人。困擾他的其實是對「家人」施暴，而他本應保護家人才對。

▼俱盧之野的軍情分析

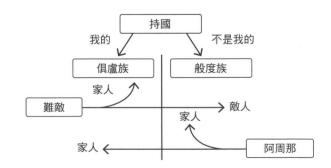

　　阿周那的反應與持國和難敵的心理缺失恰恰相反：他的視野在擴大；他不再聚焦，而是發展出別種觀點；他不再定於專一，而是去覺知；他定睛一看，最後拒絕了那道隔離自己與他人的界線，也拒絕只因那份責任而去行動。這就是「看見」！

▼聚焦及觀點

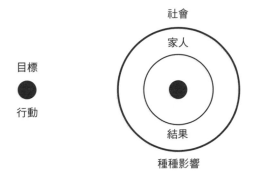

　　在「看見」之時，就不會有批判，因為界線、規則、對錯、「我的」和「不是我的」之分別都不存在了。

　　持國因為擁有記憶，所以無法看見，也心有不甘。他天生目盲，但他本人就是一個從未被看見的人。持國的叔叔毗濕摩看不見他，所以決定要他的弟弟般度取代他為王；他的妻子甘陀利（Gandhari）看不見他，但也不是過著與他互補的生活，而是決定戴上眼罩，分擔他失明的感受；他鍾愛的兒子難敵看不見自己，喜歡舅舅沙恭尼（Shakuni）的建議多過於自己的；他的輔政大臣維杜羅（Vidura）總是讚揚般度五子，卻從未讚揚他的兒子們。所有人都看不見持國，他只是把「看不見」這件事傳播出去而已。

　　阿周那也有許多「不去看見」的理由。從小，俱盧族就想盡辦法要殺死阿周那和他的兄弟；他們曾在一場賭局裡多次侮辱他和他

兄弟，還曾拉扯般度五子共同的妻子德羅波蒂（Draupadi，也稱作黑公主）的頭髮，強行把她拖出來，並試圖在眾目睽睽之下剝光她身上的衣物。就算般度五子堅守合約規定，在外流放了十三年，俱盧族仍拒絕歸還般度五子的天帝城（Indra-prastha），甚至拒絕般度五子為了和平所做的安協。不過，阿周那覺得要用「不去看見」來回應俱盧族的「看不見」太難了。

**▼記憶會扭曲觀察所得**

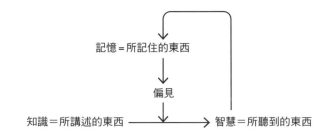

奎師那為了驅策阿周那付諸行動，便提醒了他的兄弟們和妻子所受的苦，以及他身為戰士、兄弟和丈夫的職責。奎師那甚至質疑阿周那的男子氣概（第二章第三節），笑他的行為有如懦夫一般。祂說，若是戰死，等著他的是天堂的榮耀；如果存活下來，等著他的是獲勝後的稱心如意。但是阿周那均不為所動，他不願讓記憶剝奪他的同理心，他確實「看見」，而這種「看見」讓他有資格成為《薄伽梵歌》的領受者。

在這場大戰爆發很久以前，在幾次和平協議破裂後，奎師那便已在持國和難敵面前展示過自己的「宇宙形相」（virat-swarup），祂也許就是要這對父子牢牢記住，要認真看待祂所說的話。這個宇宙形相，與祂在戰場上講述《薄伽梵歌》的過程中向阿周那展示的

是一樣的。可是，當時被賦予了短暫視力的持國只說，面對這種極
致大能，自己感到非常無助，然後就退縮回失明狀態，而難敵只覺
得看了一場魔術師的把戲。父子倆都不願去「看見」這個展示的含
義，他們緊緊抓著「我是受害者」這樣的觀點，因此，展示出來不
保證別人就一定看得到，說出來也不保證別人就聽得懂。「知識」
並不等同於「智慧」。

## 批判帶來分別

在批判的時候，這個世界便有了分別：好與壞、無辜與有罪、
污染與純淨、壓迫與被壓迫、特權與無特權、強大與無能。若能
「看見」，則會看到一個流動著因果關係的世界，在那裡並沒有分
別、界線、階級或規則。

▼戰場與表演舞臺示意圖

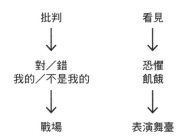

以批判爲基礎而創造的世界會喚起憤怒。人生會成爲像是俱盧
之野那樣的「戰場」（rana-bhoomi），雙方都會覺得自己才是受害
者，每個人不惜代價都要取得勝利，但一定會有人輸。透過「看
見」（觀）而創造的世界所喚起的是深刻理解，因而觸動情感，因

爲我們能看見所有生命體的飢餓和恐懼。這樣的人生是「表演舞臺」（ranga-bhoomi），旨在滋養並安慰對方，同時從對方的歡娛中也獲得了滋養及安慰。奎師那演出祂的「逍遙時光」（leela）而被尊爲「表演之王」（Ranga-natha）。祂從不批判，因此，在祂眼中沒有人是受害者。祂以下面這句話開始講述《薄伽梵歌》：

> 阿周那，你一邊說著大道理，一邊卻哀嘆著不值得哀嘆之人事。智者既不為生者哀嘆，也不為死者哀嘆。
> ——《薄伽梵歌》第二章第十一節（意譯）

你認定我是英雄、小人，或受害者嗎？
如果是，那麼你並沒有真正「看見」我。
如果你能理解到讓一個人
變成英雄、小人或受害者的恐懼，
那麼你才是「看見了」。
若能如此，
你便已看穿把你與其他人分隔開來的界線了。

# 舊地重遊

## 拒絕「看見」，抗拒眞實，
## 就無法發現不朽

我們的身體會死去，因此它尋求安全感，並設定界線。但是，在身體之內的「真我」（atma）是不死的，因此，祂不尋求安全感，也不在乎界線。「真我」被包裹在必死的血肉之軀裡，一再地經歷生與死。

奎師那藉由介紹《薄伽梵歌》第二章「永生」與「反覆投生」的概念，擴大了祂講述的範圍。因為如果沒有死亡來劃出界線，就沒有恐懼，也不會有對食物或意義的渴求，就會既無出處，也無歸宿；因為終點不再是終點，而起點也不再是起點。所以，我們會去投入、觀察、發現和享受，而不是想改變這個無法控制的世界，更不是去尋求短暫事物的認可。

阿周那啊，智者知道你、我及其他人從以前就存在，以後也會繼續存在。正如身體會經歷童年、青年和老年的變化一樣，「體內永生者」在身體死亡後，會進入另一個身體。這個身體執著於周圍的世界，因此害怕死亡。但是，智者知道「體內永生者」是不會死的，他們知道肉體要經歷生死循環，所以不害怕變化或死亡。他們知道真正重要的是不朽的永生者，而不是必死的身體。

　　　　　　　　——《薄伽梵歌》第二章第十二至十六節（意譯）

　　奎師那用這些話就讓死亡變成一件無足輕重的事。祂把「戰場」轉化為住在必死身體（deha）裡面的「體內永生者」無窮經驗當中的一個。接下來，祂將「體內永生者」等同於「眞我」、「至上意識」、「至上本體」、「財產擁有者」（kshetragna）。生生世世，「體內永生者」一再搬遷，居住在不同的身體裡面。這意味著這不是我們第一次來體驗這個世界，也不會是最後一次，我們之前就來過這裡，以後也還會再來。我們出生是再來投胎，我們死亡是再死一次。

阿周那啊，你在出生時穿上新衣，在死亡時褪去舊衣。真正的你不是這些衣服。

　　　　　　　　——《薄伽梵歌》第二章第二十二節（意譯）

　　在第四章中，奎師那說祂已將該知識傳遞給了首位天神——太陽神維瓦司萬（Vivasvate），接著傳遞給人類始祖瑪努（Manu），後來瑪努又告訴他的兒子——首位君主依科施瓦庫（Ikshvaku），

然而，這個知識常被遺忘。

> 奎師那啊，維瓦司萬很久以前就存在，比你早出生，
> 你在他之後那麼久才出生。你怎麼能傳授他知識？
> ——《薄伽梵歌》第四章第四節（意譯）

阿周那當然大為吃驚。奎師那的回應透露出祂以前活過，而阿周那也曾經活過。祂記得一清二楚，阿周那卻不記得了。原因是阿周那陷於充滿有形物體的外在世界中，他對充滿無形念頭的內在世界並沒有深刻理解。

> 阿周那，梵天的白日破曉時，所有生命形式欣欣向榮。日落時，他們全都縮回於無形。梵天的孩子們，他們的心念受其感官牽引，身陷於被迫出生之輪迴當中。但是那些專注心念於我之人則擺脫反覆投生，免於輪迴——在有形與無形之間的波動。
> ——《薄伽梵歌》第八章第十六至二十六節（意譯）

## 反覆投生的世界

反覆投生（punar-janma，也稱輪迴）的概念是印度教思想的根基，也是佛教和耆那教哲學的支柱，但這之間是有區別的。佛教徒不相信有「體內永生者」（真我）的存在，耆那教徒不相信有「神」（超靈）的概念，但他們都認同「反覆投生」的概念。在耆那教和佛教中，有反覆投生的世界稱為「生死輪迴」（samsara），這是

由行動（業）與對過去行動的記憶所驅動的，這些概念有時被稱爲「法性神話」，以便與亞伯拉罕神話或「非法性神話」（例如猶太教、基督教和伊斯蘭教的神話）有所區隔。「非法性神話」相信人只有這一生，而來世會在天堂或者地獄。科學只認定這一生，因爲來世或輪迴都無法用科學方法加以驗證。

▼法性神話與非法性神話示意圖

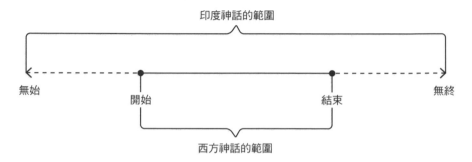

「反覆投生」的概念可以從形而上、社會和心理的層面來看。這些概念加在一起會改變我們的人生觀。

從形而上的層面來說，「反覆投生」有助於解釋一些難以理解的事物，並以接納與和平取代衝突。爲什麼有些人出生在有錢人家，而有些人就出生在貧戶？有些人的父母慈愛，而有些人的父母卻冷酷無情？有些人天賦異稟，而有些人資質愚鈍？應該要怪誰嗎？

在亞伯拉罕神話中，什麼事情都解釋爲神的旨意。我們受苦是被魔鬼詛咒後，不服從神意和律法的結果。如果我們遵循祂的律法而對自己的罪孽表現出悔改，並接受神的愛，那麼，一切都會好起來的。可是，這種說法會加重罪惡感。

在希臘神話中，有特權的少數人壟斷了財富和權力，英雄們必

須起而對抗壓迫者、伸張正義並爲所有人帶來公平的機會。是，這種說法會加重憤怒。

科學沒有提供任何解釋，因爲科學講求的不是「爲什麼」，而是「如何」。至於「爲什麼」，社會科學向來都是轉向希臘神話的框架，這種「壓迫者－壓迫」的模式在六百年前的歐洲文藝復興之後就復活了，或說它創造了一個新的神：民衆。

在印度神話中，除了自己之外，沒有人應該爲我們的問題負責：神和任何壓迫者都不用。反覆投生的概念旨在喚起人們接受當下，以及自己對未來的責任。如果我們的心念拒絕「看見」，我們的不朽靈魂就會從一個身體被拋進另一個身體。這個情況在《摩訶婆羅多》中有關迦爾納（Karna）的故事可說是尤爲顯著。

▼我的行動，我的情況

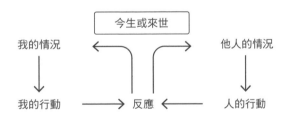

## 拒絕「看見」的迦爾納

迦爾納是由一名戰車御者養育成人的棄兒，他憑著自己的才華和努力，躍升爲一國之君，並在後來的際遇中得知原來自己有皇室血統。迦爾納的母親貢蒂（Kunti）在他出生後不久就拋棄了他，後來嫁給了般度王。貢蒂的孩子們正是般度五子，他們一直都瞧不起出身卑微的迦爾納；般度五子也是迦爾納的恩人及密友難敵的

眼中釘。戰爭爆發前，迦爾納有機會可以選擇倒戈到另一邊，也就是回歸到般度族長子的身分，成為般度族的合法繼承人，並成為德羅波蒂的丈夫之一，但是，迦爾納選擇了效忠俱盧族。在俱盧大戰期間，所有的人事物都變得對他不利。首先，毗濕摩說只要自己還有一口氣在，就不允許迦爾納參戰。接著，德羅納讓他太早用掉他最屬害的武器。阿周那的生父，掌管降雨的天帝因陀羅（Indra），利用迦爾納生性慷慨的特質，誘使他脫掉那身堅不可摧的盔甲。難敵為了嘲弄般度族，便讓舅舅沙利耶（Shalya）擔任迦爾納的戰車御者，但是事實證明這個決定大錯特錯，因為沙利耶把所有的時間都拿來讚美阿周那，使得迦爾納完全失去作戰動力。當迦爾納的戰車輪子陷進泥土裡時，沙利耶還聲稱自己是國王，不是戰車御者，才不做推戰車這等低賤之事。迦爾納本來擁有「持斧羅摩」（Parashurama）所教的咒語，原可抬起陷進泥土裡的輪子，此刻卻行不通。於是，迦爾納放下弓箭，試圖自己去把車輪抬起來。就在那個手無寸鐵的脆弱時刻，奎師那命阿周那快快出手，將之擊斃。迦爾納一生都想成為弓箭戰士，成為一國之君，死時卻仍是戰車御者的身分；戰車御者是他養父的工作，但他卻一直閃躲，不願面對。

迦爾納的故事是個悲劇。儘管嚴格說來，他本是般度族自家人，但種種際遇卻使他成為了外人，永遠都沒辦法被原生家庭接納。不僅僅是俱盧族，所有人都利用他、剝削他，甚至他自己的親生母親貢蒂都只是在戰爭爆發前夕才去找他，而且是要動之以情，勸他投靠般度族。就連奎師那也都勸誘他，要他背棄恩人兼朋友難敵。儘管他為人慈悲、正直又忠誠，但卻一生受苦。我們視他為受害者，但奎師那卻不這樣看，因為奎師那知道他的前世。

根據傳說記載，迦爾納曾經是個擁有「千副盔甲」

（Sahasrakavacha）這等名號的阿修羅。要除去他身上的一件盔甲，一個戰士必須先冥想一千年來獲得特殊力量。即使擁有這個力量，除去一件盔甲也需時一千年。因此，毗濕奴的化身——雙胞胎聖哲——那羅和那羅延（Nara & Narayana）要合力出手殺死這個阿修羅。他們一個人冥想時，另一個人就去打鬥，如此輪流取得力量摧毀盔甲。當這一千個盔甲被他們摧毀到只剩一個時，世界末日到來。世界重生後，這個阿修羅再次投生成爲迦爾納，那羅成爲阿周那，那羅延成爲奎師那。據傳，唯有奎師那清楚事情的來龍去脈。如果我們只知道迦爾納這一世的故事，那麼他就是個受害者，但如果能知道還有這齣幕後故事，他就是個反派。

在另一個故事中，當毗濕奴以羅摩（Ram）的化身降臨世間，祂與太陽神蘇利耶（Surya）的兒子蘇格里瓦（Sugriva）並肩作戰，殺死了因陀羅的兒子瓦利（Vali）。因此，當毗濕奴化身爲奎師那時，爲了恢復宇宙平衡，就有必要與因陀羅的兒子阿周那合力殺死蘇利耶的兒子迦爾納。瞧，故事總有前因後果，迦爾納在這個故事中的不幸與他在另一世的好運互相抵銷。而當他不再背負什麼義務或期望，便就此從輪迴中解脫出來。因此，我們雖然覺得他這一世的死很可悲，但其實恰恰是一個美好的安排。

在第三個故事中，當毗濕奴以「持斧羅摩」的化身降臨時，曾將武藝傳給毗濕摩、德羅納和迦爾納，但他們最後都站在俱盧族這邊，等於贊同了「非法性」行爲。由於毗濕奴不能殺死自己的門生，於是，便以奎師那的化身降臨並支持般度族，幫助他們殲滅俱盧族。所以，奎師那顯現的原因之一是要修正某個前世的錯誤，其中一個錯誤就是迦爾納。

## 世界永不止休的模式

在往世書中，常常會用「前世」的事情來反轉某個故事的結局。這就是在提醒我們，我們的人生只是一個大型拼圖遊戲的一小部分，只是一齣更龐大的劇情裡的一則小插曲而已。過去的故事影響著現在的故事，進而會影響未來的故事。我們可能沒聽過這些故事，但是我們一直在其中扮演著某些角色。我們絕不能假設說我們所遇到、經歷或記得的故事是全世界唯一的故事。我們的人生就是我們在其他故事中扮演某些角色之後所得到的結果。即使我們已經不記得那些故事或角色，仍然無法避免其後果。

> 阿周那，我接受形體時，我的無數微粒形成這個世界的眾生，我把心念與感官吸引到我這裡。透過感官體驗這個世界的人是我。我脫去形相時，便將這些經歷的記憶帶到下一個形體中，有如微風攜帶著芬芳。智者看到我如此在享受，如此在形體之間轉移。沒有智慧的人看不到這些。
> ——《薄伽梵歌》第十五章第七至十節（意譯）

▼過去對現在，以及現在對未來的影響

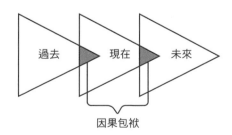

過去　現在　未來

因果包袱

在社會層面上，「反覆投生」的觀念擴張了我們的生活領域，也拓展了視野。這個觀念也提醒我們，世界在我們出生之前就已經存在，在我們死去之後依然存在。有許多人像我們一樣，都試圖要改變世界，想讓它變得更好，甚至更加完美。不過，儘管在科技上確實有進展，但人心卻沒有發生真正的轉變——人們仍然會嫉妒、憤怒、野心勃勃、貪婪又玻璃心。西方強調社會轉型，但《薄伽梵歌》著重的是個人心理素質的提升。

可以把這個我們所投生的世界想像成是一個全都是演員，卻沒有劇本或導演的舞臺。每個人都以為自己是英雄，後來卻發現自己並非正在上演的這齣戲裡的主角。我們是被迫在扮演某些角色，進行某些對話。於是我們心有不甘，希望按照自己的劇本演出，也希望自己說的話被聽見。因此，我們與其他演員進行協調。有些人成功地被一些人聽見，另一些人則無法讓大多數的人聽見，而且，沒有人能成功地讓所有人都聽見。我們堅持自己的劇本，或按照他人的劇本說著不想說的話，只是為了與更大的劇本，甚至只是要與某段次要情節保持相關、保持連結。英雄出現，反派出現，某段劇情裡的英雄竟然是其他劇情裡的反派。最終，所有人都離開舞臺後，戲卻還在繼續演出。有誰知道實際上發生了什麼事？毗濕奴，表演之王嗎？我們所能破解的只有模式，祂也一樣。

在往世書裡，毗濕奴靜觀天神與阿修羅恆久互鬥：天神覺得自己名正言順，而阿修羅覺得自己總是上當；天神從來不想與阿修羅分享，而阿修羅總是憂懼。天神的力量和阿修羅的反制力量，交替著勝敗，領著世界不斷前進。毗濕奴入睡、醒來、微笑，盡力地轉動無用的鬥爭，使之成為豐饒的收穫，而同時，儘管毗濕奴多次干預，但梵天及其兒子們仍不斷努力要控制生命，而不是接受、享受生命。

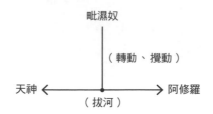

▼天神、阿修羅、毗濕奴關係圖

毗濕奴

（轉動、攪動）

天神 ←————————→ 阿修羅

（拔河）

在《羅摩衍那》一書中，毗濕奴遇見拉瓦納（Ravana）時，拉瓦納不願意放悉多（Sita）走，即使這樣做，意味著他的兒子和兄弟都得死，他的城池也會被焚毀，但他就是不願意。在《摩訶婆羅多》中，毗濕奴遇見堅戰（Yudhishtira）時，堅戰不是乾脆認輸就好，而是一直賭到賠上了自己的王國、四個弟弟、妻子，甚至是他自己的王位。毗濕奴遇見難敵時，難敵寧可陷全家族死傷數百萬於血戰之中，也不願放棄彈丸之地。那當中有驕傲、嫉妒、憤怒與所有欲望的合理化。這些模式永不休止，並且在任何時候、在每個社會中都可以觀察得到。

▼「看見」打破循環

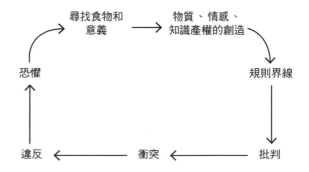

## 反覆投生的機會與智慧

生命沒有起點（無始），也沒有終點（無終），我們的存在沒有界線，沒有起跑線，也沒有終點站。這種概念與基於希臘神話的現代思想形成鮮明對比；在希臘神話中，人生就像一場奧林匹克運動會，我們必須「贏」得勝利。希臘神話裡的贏家可以在來世找到一個自己的地方，又稱為極樂天堂（Elysium）。在亞伯拉罕神話中，那些遵從上帝旨意和話語的人到達天堂，其餘的人則下地獄。反覆投生這種觀念可以消除西方思想的壓迫感，以及對完美的追求。《薄伽梵歌》談的不是改變世界，它講的是要欣賞這個總是不斷變化的世界。相信人只有一生的話，會讓我們非得要改變世界、控制世界，或屈從於事物的現狀。相信反覆投生的話，會讓我們有能力欣賞以上三種選項，而不是非得要哪一種不可。

從心理上講，反覆投生的想法是擁有多重機會，可以打破恐懼的循環並找到意義，而不用去「利用」任何人。

如果你覺得人生只活一次，那麼，所有成就的總和便成為你的人生價值。因此，西方思想的驅動力就是需要去謹守標準或實現成就。在基督教和伊斯蘭教，就是要轉變為正確的生活方式。在希臘神話（或世俗主義）中，就是要贏得比賽，或推翻壓迫者而成為英雄的過程。而無論是哪一種情況，我們最終都會去控制別人，從而利用別人。這是一個圈套。

但是如果你相信人會不斷投生，謹守標準和實現成就變得毫無意義，真正重要的是「智慧」：去了解這個世界為何存在，我們為何存在，以及我們為什麼會像跑馬燈似地重複過活。當我們了解時，就不會想要控制他人，因此而得以解脫。我們可與世界互動，卻不會落入陷阱。我們無須再依賴他人，卻可一直為人所信賴。

　　阿周那讓人注意到一個事實：單一原則無論有多崇高，要持續謹守會很艱難。

> 奎師那啊，偏離了智慧之道的人會怎樣？智慧帶來的自由與放縱帶來的享樂，這兩頭都會落空嗎？他會像殘缺的雲朵般消失無蹤嗎？
> ——《薄伽梵歌》第六章第三十七和三十八節（意譯）

　　奎師那回答說，宇宙中並沒有被浪費或毀壞之物。所有的努力都被記錄下來，都會影響未來的人生。過去所獲得的知識，在未來生命的智慧中會發揮作用。

> 在這一生中未能覺悟成功的人將會再次投生。他們的努力不會白費。他們肯定會出生在一個有智慧的家庭裡，讓他們可以繼續努力。由於對前世的記憶和印象，他們將會受智慧吸引。經過幾生幾世的努力，他們得以解脫，與神性合一。
> ——《薄伽梵歌》第六章第四十一至四十五節（意譯）

　　奎師那其實是在講往世書中的閻摩（閻羅王〔Yama〕），他手下有位錄事名叫奇塔古普塔（Chitargupta），負責記錄人類所有的言行功過。這個紀錄會決定我們未來人生的境況：我們未來的父母、性別、要經歷的幸與不幸。我們如何回應從前世帶來的難題，將會決定我們要帶著什麼繼續下一生。如果沒有東西可以帶著繼續下去，那麼，就有可能解脫。

阿周那，有兩條路徑，一條是去而復返，另一條是一
去不回。智者、有連結的人便知道這兩條路的區別，
然後他會選擇一去不回那條路徑。

　　——《薄伽梵歌》第八章第二十六和二十七節（意譯）

　　因此，反覆投生提供了一而再、再而三的機會。在《羅摩衍
那》中，薩加拉（Sagara）的兒子們，即羅摩的先祖們冤枉聖人卡
皮拉（Kapila）偷馬，因此被他以熾熱目光燒成灰燼。他們的孫子
懇求真正的偷馬賊因陀羅讓天上之河曼達基妮（Mandakini）流淌到
這世間，成為恆河（Ganga）。薩加拉的兒子們的骨灰以恆河水洗
滌後，便有了反覆投生的機會。再一次的人生就是再給一次機會：
是要繼續被困在這恐懼的循環之中，或是要去了解這世界的架構，
並且只觀察，不批判而終究得以掙脫。這就是為什麼在印度教葬禮
中首先會焚燒屍體，然後將骨灰撒入河中的原因。火和流水正是代
表《薄伽梵歌》第八章中所提到的這兩條路徑，一條通往解脫，另
一條則讓人繼續受困。

阿周那，這兩條路就像是火和煙、月圓與月缺般，如
影隨形。初升的太陽在雨季前朝北方路線行進，在雨季
後則朝南方路線行進。

　　——《薄伽梵歌》第八章第二十四和二十五節（意譯）

▼反覆投生與解脫的兩條路徑

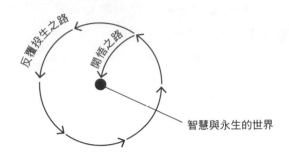

反覆投生之路

開悟之路

——智慧與永生的世界

這一生並非是你我首次彼此交會。
我們以前就來過這裡，
但我們並沒有從過去的經驗中學習到
——人生中有許多事情是無法解釋，也控制不了的；
生命總會再給一次機會；
世界在我們出現之前就已經存在，
也將在我們消失之後繼續存在。
如果我們抗拒真實，就無法發現不朽，
而是會生生世世地反覆追求意義，以及得到認可。

## 第三章

# 人生體驗大不同

## 真正令我們人類與眾不同的，
## 是想像力

———————————◆———————————

「永生」與「反覆投生」的想法是真實的嗎？或只是個概念而已？什麼是真實的？概念可以是真實的嗎？對真實的理解是我們身體（即「永生者」的居處）機能的一種作用。對植物而言為真實的事物，對於動物來說不見得是真實的；對一個人而言為真實的事物，對於另一個人來說不見得是真實的。大自然就是擁有多樣性。身體是我們體驗並表達真實的工具，雖然對身體的理解此一課題顯然不是《薄伽梵歌》的一部分，但肯定是奧義諸書所闡述的吠陀知識的一部分，奎師那也假定阿周那很熟悉這個部分。

———————————◆———————————

## 世界的四種分類

岩石的身體不同於植物的身體，植物的身體不同於動物的身體，動物的身體不同於人類的身體。因此，岩石的經歷不同於植物、動物或人類的經歷。各種不同的表達方式使得人類的經歷顯得更加複雜：有些人表達準確，有些人添加想像力；有些人說的意思就是字面上那樣，但有些人則愛用隱喻。此外，對人類而言的真實，不可能是神的真實。印度神話常常指稱這世界有四種分類，即元素、植物、動物和人類，並以下方卐字符號作為象徵來表示。

▼世界的四種分類

地、水、火、風、空等元素（bhutas）構成了世界，然而，它們並沒有在感受這個世界，因為它們沒有器官（indriyas）來感知或回應周圍的事物。星星、岩石和河流沒有知覺能力。它們似乎在移動，但並沒有自主行動。它們不會找機會，也不會逃避威脅。它們沒有感覺或思考，即使可以，我們也不會知道，因為它們無法表達自己的意思，至少我們無法揣測它們的回應。它們好像也不會死，因為沒有表現出任何掙扎求存的跡象。即使是需要燃料才能存在的「火」，自己也不會去尋找燃料。就只是在燃料耗盡後消失。

因此，元素被認爲是無生命的。

植物、動物和人類都是生命體。他們依賴空氣生存，因此被稱爲「呼吸者」（prani）。爲了保持呼吸並維持生命，生命體尋找食物。爲了找到食物，植物生根散葉，動物奔跑追逐。兩者都經歷飢餓和恐懼。它／牠們想吃東西，而不是被吃掉。它／牠們想活著，而不是死掉。它／牠們爲生存奮戰。

植物具有感覺器官，可以感知外在世界，而且會對水、陽光和季節變化做出反應。但它們是不動的，無法逃避危險，不像會動的動物顯然具有更多的回應器官（行動器官）。五個感覺器官是眼、耳、鼻、舌和皮膚。五個行動器官是手、足、口、肛門和生殖器。

動物能表現出較爲豐富的情感（心靈），也具有相當程度的智力，尤其是腦容量較大的動物，牠們記得事情，會做選擇，並解決簡單的問題。牠們成群結隊去尋找食物、儲存食物、保護全體。牠們還建立長幼順序，決定誰能分得更多的食物和伴侶。牠們照顧幼獸，有些甚至表現出個性。

人類則截然不同。我們身上的感官、情感和智性都有高度的發展，但是眞正令我們與衆不同的是想像力。當動植物經歷飢餓、恐懼和死亡時，人類可以想像無限的飢餓、無限的恐懼和無限的死亡，人類還可以想像出一個沒有飢餓、恐懼或死亡的世界。因此，這就是永生的概念啊！有能力去構想出一個概念上的眞實（世界應該如何），不同於情感經驗（對世界的感受）或感官經驗（實際知覺到的東西），這是人類獨有的，也是每一個人獨有的。你的眞實與我的眞實是不同的，因爲你的身體不同，你的濾鏡不同，你的經驗不同，你的知識也不同。

奎師那經歷了眞實的每一個層面，包括元素、植物、動物以

及人類的每一個層面。這就是祂在《薄伽梵歌》當中被稱為「薄伽梵」（神）的原因。

> 阿周那，要知道我是太陽、月亮、火。我是令植物開花的汁液。我是動物的消化之火和呼吸。我進食。我思考、記憶、理解並遺忘，就如人類一般。我是傳遞者、老師、學者，也是智者。我是所有的必死者，也是一切不朽者。並且，我是扶持這兩方的那一位。
>
> ——《薄伽梵歌》第十五章第十二至十八節（意譯）

**▼大自然中的身體形式**

## 身體的五種「容器」與三種「真實」

吠檀多（Vedanta）中把「身體」視覺化為好幾個層面的「容器」。「肉體」是最外層的容器，裝載著各種感官。「肉體」是由食物所組成，也可被當作是食物，因此稱為「食物容器」（anna-kosha）。「肉體」是透過「呼吸容器」（prana-kosha）帶動的。裡層則有「想法容器」（mana-kosha），「信仰容器」（gyana-kosha 或 buddhi-kosha），最後則是「意識容器」（chitta-kosha）。植物

只有食物容器和呼吸容器。動物則有食物容器、呼吸容器和情感容器。某些動物也有想法容器，也會去影響情感。只有人類才有信仰容器，是人類用來理解周遭世界的許多觀念。想法和信仰形塑出意識。意識決定了想法和信仰。

▼身體的五個「容器」

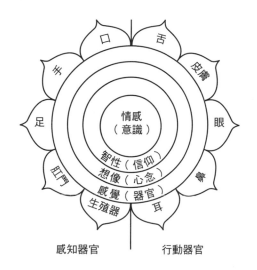

這五層「容器」創造了三種「眞實」：「感官上的眞實」端視肉體（感官）而定、「情感上的眞實」端視意識而定、「概念上的眞實」端視想法與智性而定。元素並不存在有這三種眞實之中。植物存在於「感官上的眞實」之中。較爲高等的動物存在於「感官上的眞實」、「情感上的眞實」之中。但是，只有人類存在於這三種眞實之中。

▼三種真實示意圖

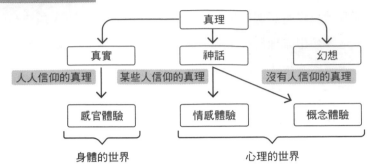

不同於自然界其他動物，人類具有想像真實的能力。我們可以編造出與自己經歷相反的事情，感官經歷痛苦時，心念可以想像幸福；感官體驗愉悅時，心念可以想像悲傷；感官看見生命的有限時，心念可以想像不朽。

想像力幫助我們創建概念，概念過濾從感官接收進來的東西，最終會影響我們的情感體驗。因此，我們會把一塊岩石或一條河流想像成神靈，從而把自己制約成每遇岩石或河流，就會感到喜悅。我們的情感體驗也會充實並塑造概念，所以，當岩石或河流以某種方式為我們帶來喜悅時，我們便宣稱其中必定有神靈。因此，概念有助於我們把情感合理化，情感也可以幫助我們把概念合理化——這是一個雙向過程。

▼心理過程示意圖

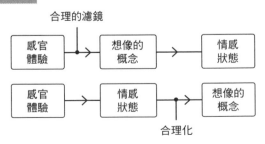

　　受到相同的刺激時，相同物種的所有動植物反應的方式通常都很類似。反應方式的差異極少，而且大多數是高等動物才會各有不同的反應。但是，有不同概念的人們對同一組刺激的解讀便有所不同。這就是為什麼持國、難敵、阿周那在俱盧之野戰場上的反應截然不同。從人類升級到神的旅程就是要在概念上得到「清楚」，並「感謝」這個世界的如實面目，同時對他人看待世界的方式能有同理心。

　　然而，概念是真實的嗎？概念不是想像力的產物嗎？我們要如何評價想像力？

　　要去區別想像與真實，這件事本身就忽略了一個事實，即人之所以為人，正是因為他具有想像的能力。我們認為有價值的一切──正義、平等、言論自由、人權──這些概念其實都是從想像力而來，正如神、天堂、地獄、反覆投生和永生不朽之類的概念一樣。我們可以將這些概念歸類為世俗的或宗教的，理性的或超自然的，或特別看重某個而看輕另一個，但基本上還是屬於人類的創造、被人類創造出來的、為人類而創造的。這些概念都是人為建構的，不是自然現象。這些概念一旦脫離了人類，是無法獨立存在的。

　　甚至於我們的「身份認同」，或稱「假我」，在本質上也是我們想像自己如何如何的一種概念。大自然才不關心我們的族群根源、社會結構或文化階級，也不關心我們如何修正行為或互相批判。然而，因為我們是人類，所以身分認同對我們來說至關重要，就和概念對我們來說也很重要一樣。我們的概念會建立人性，並幫助我們克服有關大自然和各種生物的可怕難題。

**▼想像的概念**

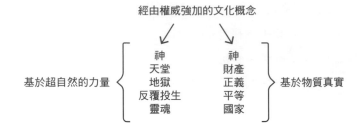

阿周那給了自己一個身分（般度族、貢蒂之子、俱盧人），並賦予他周圍的人（朋友和親人）意義，認定自己行為的價值（好或壞），並預測行為的後果（社會結構崩潰），這些都是源自於他的想像力，所以他會去建構或承襲一些界線，並自處於這些概念所形成的空間之中。從中便顯示了他的人性。

> 阿周那，感官存在於物質；超越感官的是心念；心念之上是智慧；超越智慧就是你「真實的自己」。藉由知道自己的真實身分，你將征服一切渴求。
> ——《薄伽梵歌》第三章第四十二和四十三節（意譯）

## 《薄伽梵歌》對想像的推崇

奎師那的「概念真實」——認為永生不朽是事實——讓祂活得毫無恐懼，不會戴上引發衝突的濾鏡去看事情，反而對人生有深入的洞察。持國和難敵的「概念真實」——認為自己受害是事實——讓他們活在憤怒裡、想像自己遭受迫害，並懷有強烈的願望要改變世界。哪種想法更為合宜呢？

科學界無法共享《薄伽梵歌》對想像力的推崇。科學重視有限的、可測量的實體，而《薄伽梵歌》重視的是無限、不朽這些無法測量的概念。

科學所建構的真實取決於測量儀器，但是，衡量事物比衡量感受容易得多，因此，物理學、化學和生物學被視為「純」科學，而心理學則被視為「偽」或「不完美」科學。我們充其量只能利用身體對情緒的反應來了解「心」的運作，正如神經心理學和行為科學所做的那樣。

與人類有關的人文學科如社會學、歷史學、經濟學、管理學和政治學，不再被稱為「社會科學」，因為即使數據可以用科學方法計算出來，但其分析結果一定會受到分析師的偏見所影響，亦即受他本身所認同的哲學與他信以為真的概念所影響。

**▼科學的分類**

話雖如此，概念在科學上，特別是在數學方面，確實扮演著關鍵角色。零和無窮大被稱為想像的數字，因為它們的存在是無法在物質真實中得到證明的。我可以讓你看到一棵樹、兩棵樹、三棵樹，但是我無法讓你看見「零棵樹」或「無限多棵樹」，這些都必須靠想像。

幾個世紀以來，有許多文明並沒有這些概念卻依然存在，甚至也能繁榮興盛。兩千多年前，印度的佛教、耆那教和印度教哲學家

在試圖了解心理和物理這兩個世界時，便想像出無窮大和零這兩個概念。隱士較喜歡的概念是退避至沒沒無聞，也就是零，而在家居士更喜歡的概念則是欣然接受一切，也就是無窮。如今，零和無窮大在微積分方面扮演著關鍵角色，並有助於世界各地的科學家解決真實世界中的技術問題。

**▼哲學與數學的概念**

| 想像的<br>數字 | 真實的<br>數字 | 想像的<br>數字 |
|:---:|:---:|:---:|
| **0** —————— | **1** —————— | **∞** |
| 涅槃<br>退隱<br>（概念的） | 生命體<br>（物質的） | 至上涅槃合一<br>（概念的） |

　　永生，有如無窮大和零，也是一個概念。奎師那說明永生這個概念，擴大了阿周那的經驗領域，也拓展了他生命的縱深。這讓他對生命有了不同的看法——這一生並不是我們唯一的一生，而是生生世世當中的一世；我們的行動所帶來的結果無限；如果我們對這些結果敞開胸懷，我們將有無限選擇。因此，想像力的一個轉換，便帶來了在身分認同、意義、價值、假設和志向上的巨大轉變。


阿周那，人因本性和渴求受限制，所以崇拜有限的天
神。他們的信仰來自於我。他們信仰的完成來自於
我。受限制的會一直受限制。打破界線的人會找到我：
無限。

　　　　——《薄伽梵歌》第七章第二十至二十三節（意譯）

▼字面與隱喻示意圖

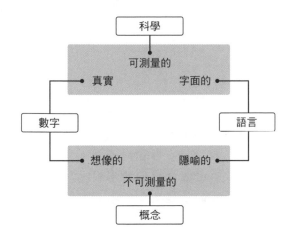

　　喜歡想像的人也會欣賞隱喻和象徵。不喜歡想像的人則比較喜歡字面意義。唯有透過隱喻和象徵才能傳達概念上的意思。沒有詩歌，就無法傳達非物質性、不可測量的概念，例如愛、正義、非凡。但是《薄伽梵歌》體認到這世界是由不同的人所組成，有些人只能面對明確的有限生命，而有些人則可以處理無形的永生，以及反覆投生的概念。奎師那並不期待所有人都用和祂一樣的方式去體驗這個世界，或完全用和祂一樣的方式回應這個世界。這就是為什麼奎師那是用「看菜單點餐」的方式提供解決方案，為的就是要因應人們不同的能力和資質。

　　阿周那，把你的心浸泡在我之中，我將把你從一再死去的海洋裡拉起來。如果做不到，那就練習瑜伽，並且修你的心。如果再做不到，那就把你的工作當作是我的那樣去做。如果再做不到，那就把你自己當作是我的工具，按照我說的做。如果再做不到，那就只管做好自

己的事，然後把結果交給我。

——《薄伽梵歌》第十二章第六至十一節（意譯）

我的身體與你的不同。
我的飢渴與你的不同。我的設想與你的不同。
我的能力與你的不同。
我的經歷與你的不同。
我的表達與你的不同。

## 第四章

# 尋找意義

### 讓這個世界有意義的，
### 正是我們自己

　　身體裡面有一位永生者在觀察著身體如何體驗周遭的世界，但到底什麼是「體內永生者」？祂是讓身體對外部刺激做出反應的一眾感官嗎？是身體裡面的心念，或是心念當中的念頭、觀念、想像嗎？又或者是用以過濾所有感覺並影響情緒的那些概念？是像意識一般無法測量、既神祕、爭議又大的某種東西嗎？還是一種能帶來平靜的、在概念上的清楚？那種概念上的清楚是否與欣賞「人類賦予自己和周圍世界意義」的獨特能力有關？我們將在本章中探討這些觀念。

## 永生者與至上意識的分別

奎師那在《薄伽梵歌》開宗明義，指出有一位永生者居住在身體裡面。

> 阿周那啊，武器刺不穿、烈火燒不盡、大水浸不濕、
> 狂風吹不乾。它無處不在、永恆存在、不變不動。
> ——《薄伽梵歌》第二章第二十三和二十四節（意譯）

後來，奎師那稱呼「體內永生者」為「靈性個體」，祂是處於身體裡不死的神，是眾感官與心念所不能及的。

> 阿周那啊，這位觀察者居住在有九個城門的身體裡，祂
> 不執著，祂平靜而篤定。
> ——《薄伽梵歌》第五章第十三節（意譯）

▼鳥看著鳥吃果子

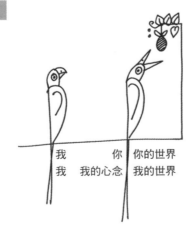

| 我 | 你 | 你的世界 |
| 我 | 我的心念 | 我的世界 |

　　《梨俱吠陀》曾提到有一隻鳥，牠看著另一隻鳥吃著果子。這是個隱喻，講的是這個世界（果子）、身體（吃果子的鳥）與「體內的永生者」（鳥看著吃果子的鳥）的關係。我們可以看著別人，也可以看著自己找「果子」吃。

▼身體和體內永生者

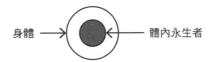

　　奎師那所描述的這個處於身體裡面的永生者，非常類似祂另外描述的「至上意識」，而「至上意識」則是瀰漫於身體周圍的大自然裡。如果說「永生者」存在於自己之內，那麼「至上意識」則存在於別人之內。

> 阿周那啊，「物質能量」（大自然）是你周圍所有事件
> 的原因。大自然的住民「至上意識」在體驗、感受著這
> 些事件的悲歡苦樂。
> ——《薄伽梵歌》第十三章第二十和二十一節（意譯）

　　我們所居住的身體，以及身體周圍的大自然是「具體有形的」。存在於我們體內和大自然裡面的「永生者」、「至上意識」則「非具體有形的」。「身體」和「物質能量」能為感官所感知，且受時間和空間的規則所約束，這意味著「身體」和「物質能量」可以被測量，而且是無常的。但是，「永生者」和「至上意識」則超

出了感官的範圍，並且不受時空規則的束縛，這意味著祂無法被測量，而且是永恆的。

「身體」是「物質能量」的一部分。但是，「永生者」是「至上意識」的一部分嗎？由於兩者均為不朽、無限，所以兩者皆不受空間限制，也不會分離開來。換句話說，「永生者」等同於「至上意識」。

> 阿周那啊，祂在裡面，也在外面；祂在有生命的裡面，也在無生命的裡面；祂既遠又近；因為精微，所以難以估量。祂不可分割，卻存在於分離的個體之中，所以似乎也是分裂的。祂是匯聚種種，並重新創造的力量。
>
> ——《薄伽梵歌》第十三章第十五和十六節（意譯）

「身體」是將我們與其他個體區分開來的東西，「永生者」是讓我們與他人連結的東西。「身體」建立了個體性，「永生者」建立了普遍性。我們透過分析（數論）想出讓我們與世界隔離開來的是什麼，因而找到「身體」的意義。我們透過連結（瑜伽）得到讓我們與世界連結起來的方式，因而找到「永生者」的意義。阿周那的「身體」與難敵的「身體」並不相同，阿周那的「身體」與他戰車前方的馬匹不一樣，但是在阿周那體內的「永生者」讓他能夠感受到在每個生物裡面的恐懼與渴求，而在無生命的物體中則無恐懼與渴求。

▼身體與物質能量（大自然）

| | 看得見<br>可測量的<br>具體的 | 看不見<br>不可測量的<br>不具體的 |
|---|---|---|
| 身體 | 身體 | 體內的永生者 |
| 身體之外 | 物質能量<br>（大自然） | 至上意識 |

　　「永生者」和「至上意識」相同，但也有區別。「永生者」又稱爲「生命體」，而「至上意識」又名「超靈」，因爲「永生者」的經驗受限於其所駐留的「身體」，而「至上意識」的經驗卻不受限制，因爲祂存在於無限的「物質能量」當中。「永生者」或「生命體」會經歷「部分眞實」。「薄伽梵」則會經歷眞實的每一個部分，所以祂是「超靈」。追求實現與圓滿的「生命體」是「奉獻者」。每個活著的生物都是「生命體」。對於每一個「生命體」而言，其他生物都是各自獨立的「他者的靈性個體」。所有生物的集合體構成了「超靈」。

　　「身體」、「物質能量」和「靈性個體」的關係用視覺化的「車輪」圖形來表達就很清楚。位於車輪中心的「輪轂」象徵我的「身體」，車輪周圍的「輪圈」代表的是在我周圍「這個世界的身體」（物質能量）。我們（生命體）體內的「靈性個體」就像「輪輻」般向四面八方流瀉而出，並與我們周圍每個人（他者）的「靈性個體」互相連結。所有這些「靈性個體」共同構成「超靈」，亦即包括我們在內的每一個人都可以實現的潛能。這樣的一個有輪輻的車輪就在奎師那的手指上旋轉著，這一點也顯示出「超靈」不僅僅是所有個別「生命體」的總和。「生命體」必須依賴著「超靈」，但

「超靈」無需依賴「生命體」。

> 阿周那，祂沒有感官，卻能感知一切「感官對象」。祂
> 不依附執著，而是維繫著眾生。祂不受物質三重屬性操
> 控，而是享受著一切物質屬性。
> ——《薄伽梵歌》第十三章第十四節（意譯）

**▼身體、物質能量、靈性個體的車輪示意圖**

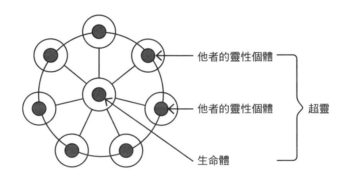

他者的靈性個體
他者的靈性個體 ⎫ 超靈
生命體 ⎭

### 吠檀多的宗派分類

探索「生命體」與「超靈」、「體內永生者」與「身體」、「至
上意識」與「物質能量」、「薄伽梵」與「奉獻者」之間的關係便造
成了吠檀多（吠陀經典的終極結論）產生許多宗派，他們都在追求
吠陀經典的精髓。「吠檀多不二論」（advaita）認為神與人之間是絕
對的「一」；「吠檀多二元論」（dvaita）則認為神與人全然各自獨
立、截然不同；「吠檀多即一即異論」（bheda-abheda）則將人視
為神的一部分。

▼吠檀多的不同宗派

| 超靈 ＝ 生命體 | 不二論 |
| 超靈 ≥ 生命體 | 即一即異論 |
| 超靈 ≠ 生命體 | 二元論 |

　　許多人將「體內永生者」視為「至上意識」這棵樹的種子。 每顆種子都與樹有所區別，依賴著樹，卻又與樹相當。此一概念在《至尊奧義書》（*Isha Upanishad*）中有一首優美的讚詩對於「完整性」是這樣表達的：

> 這是完整，那是完整，
> 完整生出完整，
> 無論添加或削減什麼，
> 完整依然完整。

　　這首詩在講無限的概念與人類的想像力。你在你自己裡面是完整的；我在我自己裡面是完整的；但是，我們都是更大格局裡人類故事的一部分。 就像樹上果實裡的種子一樣，我們既是「完整」的一部分，我們也是「完整的自己」。

▼超靈之樹的果子

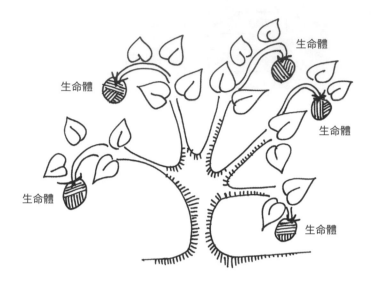

　　那麼，到底什麼是「靈性個體」、「至上意識」、「體內永生者」？《薄伽梵歌》中用了各種比喻來加以描述：「百川湧入大海，海水卻永不溢出」（第二章第七十節）；「無處不在但始終不受污染的以太（天空）」（第十三章第三十三節）；「照亮一切的太陽」（第十三章第三十四節）。從第七章開始，奎師那使用第一人稱將這個觀念擬人化，並開始將祂自己等同於「體內永生者」以及「至上意識」。儘管奎師那以男性形象顯現，但祂所說「祂的許多子宮」，則是顯示祂所用的語言的隱喻性質。

　　阿周那啊，有形體和無形體是我的兩個子宮。我是起點與終點，我是把整個世界如同珠寶般串起來的絲線。除了我，沒有別的。

　　　　　　　　　　——《薄伽梵歌》第七章第六和七節（意譯）

## 確實存在的體內永生者

有些人認為「靈性個體」、「至上意識」、「體內永生者」等同於「靈魂」。但是「靈魂」是基督教的概念，尤其是基督教神話有一些關於靈魂會墮落，以及沒有靈魂的身體這種說法。即使有生命體被認為是非常可惡、罪行重大，但是《薄伽梵歌》所講的「靈性個體」、「至上意識」、「體內永生者」則是永恆純淨、無處不在的。

有人說「體內永生者」不是物質，所以祂一定是靈性的。使用「靈性」這個詞的時候，我們務必要謹慎。「靈性」是歐洲十八世紀的一個詞彙，曾經用來泛指從心理到超自然現象和神祕學的所有內容，此一含義在「新時代」（New Age）的修行體系中仍然很流行。西方世界直到二十世紀，在西格蒙德・弗洛伊德（Sigmund Freud）和卡爾・榮格（Carl Jung）的著作問世後，才正式將心理學與超自然現象分開來，而宗教人士卻繼續堅信超自然現象是真實的。

如果「靈性個體」、「至上意識」、「體內永生者」不是物質，那麼可能就是心理方面的。然而，祂們也與構成心理的所有東西有所不同：感官、情緒、心念、智性。因此，有些人就說「靈性個體」、「至上意識」、「體內永生者」等同於「知覺」（意識），也就是自我覺知的能力。不過，科學家和靈性大師對於意識到底是什麼，也是眾說紛紜。科學家認為意識只存在於活的生物中，尤其是高等生物，但靈性大師則認為在自然界裡，甚至是無生命的物體也有意識。

有些人認為靈魂、精神、意識就是「良心」（明辨），但是良心是想像和判斷的產物——「我們想像自己是怎樣的」，加上「我們希望別人如何評斷我們」。動物就沒有良心，然而，對於印度教徒

來說，一切事物當中都存在著「靈性個體」。

最終，關於「靈性個體」、「至上意識」、「體內永生者」，其確切含義將永遠是個謎，不僅是因為無法客觀地加以測量，也因為你我對真實的理解大不相同，描述我們各自的經歷時所用的詞語也不同。你覺得「體內永生者」是什麼，對我而言可能不是。另外，我今天認為「體內永生者」是什麼，也有可能明天我所體悟到的「體內永生者」就不是那樣了。最初，「體內永生者」可能是心念，然後可能變成智慧，接著可能成為意識，再來可能是想像力、概念以及意義，最後可能是語言表達不了的某個東西。但是祂確實存在，而這才是重點。

> 阿周那啊，祂存在於所有生物的心中，祂是值得了解
> 的知識，祂是知識本身，祂也是透過知識要觸及的目
> 標。祂是照亮生命的光，也照亮了一切黑暗。
> ——《薄伽梵歌》第十三章第十七節（意譯）

我們可以肯定的是，「體內永生者」不可能是一個實體，因為根據定義，祂是無法被測量的。祂必定是一個概念，最多是可以被體驗到，因此祂是一項主觀真理，不受限於科學規則。

> 阿周那啊，祂沒有起點，沒有特質，因此不會改變。
> 祂位於身體之內，祂無所作為，也無可欲求。
> ——《薄伽梵歌》第十三章第三十一和三十二節（意譯）

## 概念清楚帶來的至福

根據奧義諸書中所描述的人體五層結構，我們的呼吸駐留在肉體中，心念駐留在呼吸中，概念駐留在心念中，情緒駐留在概念中，我們能看到的只有肉體和呼吸，透過身體和呼吸所表現出來的樣子，我們可以感知到情緒變化。心念所接收到的各種感受則透過各種概念加以過濾而形成情緒。情緒影響心念，並形成概念。當「概念清楚」時，無論感官上有何感受，我們都能體驗到「至福」（ananda）。於是，「靈性個體」這個觀念便是給予「概念上的清楚」，是這份清楚讓我們能與真實世界建立連結（瑜伽），而不是與我們想像出來的世界連結。

▼靈性個體即「概念上的清楚」

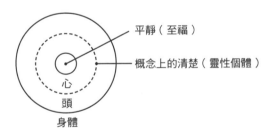

平靜（至福）

概念上的清楚（靈性個體）

心

頭

身體

如果在概念上不清楚，主宰我們的情緒就會是恐懼，害怕失去機會、害怕受到威脅、害怕有成就、害怕被遺棄、害怕不被認可。恐懼這種情緒會影響我們的思考方式與信念。恐懼會污染我們的感官濾鏡，影響我們如何回應的選擇。恐懼會造成惡性循環，在那當中，我們的「靈性個體」會被「假我」——愛批判的自我——所掩蓋。

　　概念上的清楚讓人們關注語言，語言是吠陀經典的關鍵主題。許多動物使用語言以進行交流，牠們的語言是描述性的。人類語言可用於分析、建構並傳達複雜的意義，通過聲音、形象或手勢，意義便得以傳達。所表達出來的「語音」（shabda）當中包含有許多層次的意義——「超然音聲」（shabda-brahmana），有些是表面上的，有些是隱喻的。這些都會喚起多種情感及經驗（bhava）。「語音」是具體的，「超然音聲」則是不具體的。唯有透過「語音」，才能表達出、體驗到「超然音聲」。如果我們把身體想像成是「語音」，那麼我們就是裝載「意義」的容器。唯有透過這些「容器」才得以表達、體驗到意義。當印度教徒說我們周圍的一切都有「靈性個體」，並向石頭、河流、植物、動物和其他人鞠躬時，這就是在認可、感謝所有人、所有的一切，以及他們各自的意義和用處。

▼靈性個體即「意義」

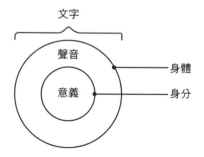

　　正如動物為了生存而尋找食物一樣，人類也會為了自己的「清明」（sanity）而尋求意義——我們在這個世界上的價值、目標和身分是什麼？一旦我們去追求周圍世界的認可，就會被「假我」所困。一旦我們領悟到一切意義都來自於體內，亦即讓這個世界有

意義的正是我們「自己」之時，便能因這個「自己」，亦即體內的「靈性個體」而得解脫。

> 阿周那啊，這位無所不包、令人驚嘆的生命體，就在你裡面，其實就是我，其實也是你，最終就是祂在觀察、認可、賦能，並享受著一切。
>
> ——《薄伽梵歌》第十三章第二十二節（意譯）

我們說周圍的一切都有「靈性個體」，所以無論有無生命象徵，我們會向周圍的石頭和河流、動植物以及人們頂禮，基本上這意味著我們周圍的一切都有其意義、有其用處。這是誰說的呢？是內部的「永生者」，也是外部的「意識」說的。我們賦予他人意義，也從他人那裡得到意義——我們賦予彼此意義。我們會死，但事物的意義會繼續留存下去，因為「靈性個體」永恆不死。永遠有人給予意義。

▼食物和意義示意圖

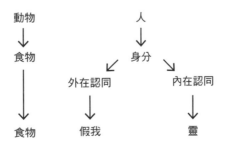

包括人類在內的動植物都在尋找食物。

此外，人類還尋找意義。

意義是身體之中的「永生者」；

是單字之中的字義，

是身體之中的靈魂，

是文字之中的隱喻。

## 第五章

# 面對結果
### 行動就是業，也是業力

對食物、安全感和意義的追求，驅動著生物去行動。每個行動都會帶來許多報應，各種報應便創造出我們要去不斷經歷的種種情境。我們能否藉由規範自己的和他人的行動，來掌握自己要面對的情境，創造幸運、避免不幸？還是說，我們能否退出行動，遠離所有感官誘惑，讓自己免於失望和心痛，從而找到平靜？有所謂的「正確行動」或「錯誤行動」嗎？「正確行動」有可能會產生壞結果，「錯誤行動」反而可能會有好結果嗎？對這些問題的回答便構成了「業」（行動）的原理；「業」既意味著行動，也意味著報應（業力），這便是奎師那在《薄伽梵歌》第三章所闡述的內容。

### 暴力的形成

在自然界中，重力迫使所有無生命的物體產生運動。植物為抵抗重力，便朝天空生長，且因懼怕死亡，所以要尋求日光作為食物來源，並從根部吸收礦物質和水分。動物吃草、狩獵並遷移以利覓食。進食這樣的行為牽涉到暴力，飢餓的動物吞噬元素、植物、其他動物。有生命的地方就有飢餓；有飢餓的地方就有食物；有食物的地方就有暴力；有暴力的地方就有後果。因為飢餓的生物要找食物，所以在大自然是有暴力行動的，這是生命的基本真理。

在人類社會中，暴力會受到規範。為了開墾田地而破壞森林，為了建造水壩和運河而破壞河岸，為了人類的居住空間而毀滅大自然的生態系統。在《摩訶婆羅多》中，般度族為了建造自己的天帝城而燒毀甘味林（Khandava-prastha），結果，他們付出了高昂的代價，森林住民「蛇族」（nagas）永遠都不原諒他們及其後代子孫。

在人類社會中，暴力的形式有所轉變，不再僅限於身體上的暴力。因為人們被剝奪自由、被規則約束、被困在階級制度、被界線所限制，所以也有心理上的暴力行為。文化是透過「馴服教化」而創造出來的──以暴力控制地球，以暴力控制人心。

**▼暴力的形式**

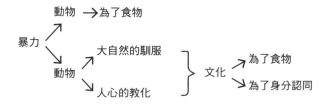

　　因此，當阿周那猶豫著是否退出戰場比較好的時候，奎師那並不認同此一看似崇高的抉擇，因為人只有在放棄飢餓的問題時，才可能採行「非暴力」的方法，然而，沒有人可以不管飢餓問題，甚至連隱士也沒辦法。人的身體就是需要營養，為了獲得營養，人就是需要食物。取得食物的行動牽涉到暴力，而把想偷我們食物的人拒之於門外的行動也是暴力。只有無生命者不會有暴力，因為它們不會飢餓。活著的生命體要進食，而飲食便牽涉到暴力。

　　　　阿周那啊，即使你什麼都不做，你仍然要行動。僅僅
　　　　只是從社會上退隱，你無法獲得自由。每一個在這世上
　　　　誕生的、還活著的人都有依賴，都得受物質能量驅使而
　　　　被迫行動。有些人控制了感官活動，心中卻一直惦念著
　　　　感官對象，這樣的人是自欺欺人的偽君子。做你必須做
　　　　的事情，而不是什麼都不做。即使只是希望自己的身體
　　　　發揮功能，你都必須行動。
　　　　　　　　　　——《薄伽梵歌》第三章第四至八節（意譯）

　　身體裡面的住民——「靈性個體」——從來都沒有飢餓問題，所以祂不渴求食物，也就沒有暴力行動。祂親眼目睹這些因飢餓而驅使的暴力行動，卻從不批判。

▼飢餓與沒有飢餓示意圖

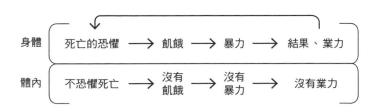

| 身體 | 死亡的恐懼 | → | 飢餓 | → | 暴力 | → | 結果、業力 |
| 體內 | 不恐懼死亡 | → | 沒有飢餓 | → | 沒有暴力 | → | 沒有業力 |

## 過去的業果與未來的業種

因為恐懼死亡，所以要解決飢餓問題；因為要尋找食物，所以產生暴力行動。動物恐懼因暴力行動而死亡，便有性行為，從而繁衍後代，這樣至少能夠確保牠們的一部分可以繼續活下去。牠們所繁衍的後代也帶著對死亡的恐懼，因此對於飢餓、暴力及性行為的需求也就繼續傳承下去。如此，「原因」是一種行動（業），「報應」也是一種行動。行動既是「業因」，也是「業果」。每一個現狀都來自於過去的業報（業果〔karma-phala〕），也是塑造未來的業因（業種〔karma-bija〕）。就像不見得每顆種子都會發芽一樣，就像結成果實的品質還要視各種外在因素如陽光、土壤品質、可用水源而定那樣，每一個行動之後的「業果」都是無法預測的。不可預測性便帶來了不確定性，如此一來，更放大了恐懼。

阿周那啊，無論合不合乎原則，任何行動的業果都取決於五項要素：身體、心念、工具、方法和神聖恩典（運氣？命運？）。唯有無知者會認為單單就他一人是任一結果的原因。
　　　　——《薄伽梵歌》第十八章第十三至十六節（意譯）

神話傳說中若有反覆投生的信仰，其特徵便是「接受人生的不確定性」。既然世界一直在變，所以重點是觀察就好，不用去批判或控制。相對地，西方神話所講的世界要不就是不完美（亞伯拉罕神話），要不就是混亂又不公正（希臘神話）。所以，相信西方神話的人會渴望有變化、改變信仰、改朝換代、要讓世界更美好。總會有個目標。根據目標的不同，種種行動就可以分類為好或壞、

對或錯、是或非、道德或不道德。

> 阿周那啊，因為我不讓自己受行動的成果所束縛，所以
> 我的行動也不會困住我。
> ——《薄伽梵歌》第四章第十四節（意譯）

▼結局的必然性

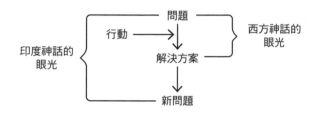

追求巔峰，或緊盯球門這種危急狀態與吠陀思想可說是格格不入。

> 阿周那啊，耽溺於享樂、弄權和進入天堂的人，始
> 終想要從自己的出身、行動、崇拜和儀式當中得到果
> 報。他們對吠陀經典的重視只是表面工夫。他們看不到
> 吠陀經典裡面的意思。他們永遠無法得到智慧。
> ——《薄伽梵歌》第二章第四十二至四十四節（意譯）

從印度神話看來，目的是人為的里程碑。然而，行動是人的天性，每個行動都會帶來報應，其中有即刻的結果，也有需要時間醞釀的間接影響。「業」所指稱的既是行動，也是報應；「業」既是因，也是果；既是刺激，也是反應。

▼業種（業因）與業果示意圖

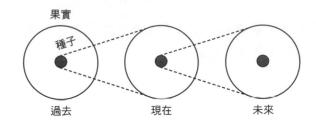

果實

種子

過去　　　　　　現在　　　　　　未來

## 區分我們的行動

自然界中不斷有變化發生：走過了春天，就輪到帶來雨水的夏天，接著是秋天，最後是冬天。所有動物都會經歷生命的四個階段：童年、青年、壯年和老年。文明的進展也會經歷四個年代（yuga）：金器（Krita）、銀器（Treta）、銅器（Dvapara）、鐵器（Kali）年代。羅摩或奎師那的顯現，並不會影響各個年代種種事件的進展，文明的消亡就像生命體必有一死那樣地確然，就像大自然每年都會以雨季自我更新一樣，就像文明會經歷許許多多的「劫」（kalpa），然後在每一次崩潰消亡之後自我更新一樣，人類也會在死亡之後反覆投生。

> 阿周那啊，有生就有死，有死就有生。因此，執著與
> 哀嘆毫無意義。
> ——《薄伽梵歌》第二章第二十七節（意譯）

這個概念在印度史詩裡更為明確。《羅摩衍那》並不是以羅摩的出生為始，也不是以他的死亡告終。在成為羅摩之前，祂是金器

年代末期的「持斧羅摩」，在成爲羅摩之後，祂將會是銅器年代末期的奎師那。這些形相都是毗濕奴的不同顯現，而與此同時，祂也斜倚在無邊無際的牛乳之洋毗恭吒（Vaikuntha）星球上，靜觀無數世界的興衰如海浪般起伏。

但是人類可以想像——我們還是可以想像有一個穩定且控制良好的世界，儘管從自然界和文化中的各種證據顯示並沒有——我們可以想像吸引財富，遠離不幸。所以，我們可以把行動分成好或壞，有助於他人和自己的行動爲好，不利於他人或自己的行動則爲壞。

例如，阿周那從「如果他殺死自己的家人」，也就是若殺死他原本應該保護的人，而想像出種種恐怖後果。由此而生的世界裡，就沒有一個人是值得信賴的、沒有一條界線是有效的、沒有一個承諾是鄭重的，也沒有什麼誠信會有人看重。因此，他的結論是他的行動會是有罪的：會帶來造成不幸的業力。他覺得不要與家人作戰才是功德，才會帶來幸運的業力。但是奎師那指出，行動會不會帶來功德是很難說的。

> 阿周那啊，行動有「正確行動」、「錯誤行動」和「不行動」這三類，但很難區分。智者可以看見不行動中的行動、行動中的不行動。智者不執著於行動的結果而行動，無論結果如何都安適自在，因此不受功過之累。
> ——《薄伽梵歌》第四章第十七至二十二節（意譯）

例如，在《羅摩衍那》裡的，十車王（Dasharatha）對繼后吉迦伊（Kaikayi）信守諾言，賜予她兩個應得的祝福。誠信是好事，但結果羅摩卻因此而遭流放，那就壞了。果報從短期來看也許是好

▼不同個體的行動

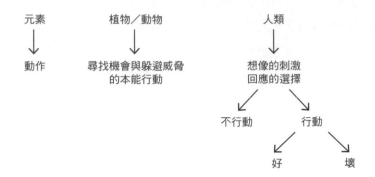

| 元素 | 植物／動物 | 人類 |
|---|---|---|

的，但從長遠來看卻有可能是不好的。在《薄伽梵往世書》中，奎師那殺死了馬圖拉（Mathura）的獨裁者剛沙王（Kansa）。很好，但是，剛沙王憤怒的岳父妖連（Jarasandha）因此火燒馬圖拉城，那就壞了。所以，看起來是好的行動卻可能產生壞的果報：在《羅摩衍那》裡，悉多拿東西給隱士食用時走出結界，結果卻遭綁架。同樣地，看起來是壞的行動也可能產生好的結果：在《摩訶婆羅多》中，焚燒甘味林，殺死了森林中的無數生物，卻讓般度族得以在天帝城建都立國。

▼業與業力示意圖

以下這則從《摩訶婆羅多》衍生出來的泰盧固族民間傳說，業

力的複雜程度便可見一斑：有個小女孩正喝著罐子裡的牛奶，當迦
爾納的戰車駛過時，把她嚇了一大跳，罐子也掉到地上。罐子摔壞
了，泥土地把牛奶全吸收了，小女孩哭了起來。迦爾納見狀，就
停下戰車，決定爲小女孩取回牛奶。他挖出潮濕的泥土放在手上，
把土裡的牛奶擠進新罐子裡，小女孩又驚又喜。每個人都稱讚迦爾
納是偉大的戰士，因此，迦爾納的行動產生了預期的效果。但最後
的結果仍是不可預測的，因爲迦爾納從大地身上擠出牛奶來，所以
大地女神憤怒了。女神發誓有一天一定要報仇。因此，她在俱盧
之野抓住了迦爾納的戰車車輪，像他曾經擠壓自己那樣地用力抓牢
了車輪，迫使迦爾納必須下車將車輪拔出來。當迦爾納爲了此事而
分散心神、背向敵人的同時，也被一箭射死。他血流滿地，全都
被大地吸收了。因此，迦爾納的行動有兩個業果，一個是立即的業
果，另一個則是後續的業果。立即的業果是馬上可以察覺的，另一
個則不能。第二個結果創造了導致迦爾納之死的情境。

## ▼因與果的順序

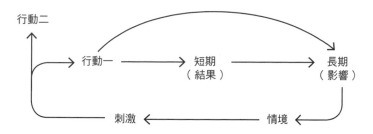

印度教信徒對事物的思考是，所有情境都不是偶然發生的，也
不是他人設局，而是我們自己過去的行動所造成的。藉由分析《羅
摩衍那》，我們便可體會到這一點。悉多被拉瓦納綁架一事是誰應

該負責？我們應該責怪她冒著危險去供養隱士嗎？我們應該把此事歸咎於羅什曼（Lakshmana，羅摩的弟弟）曾經殘酷地割掉拉瓦納的姐姐蘇潘娜卡（Surpanakha）的鼻子嗎？還是我們應該怪罪試圖殺死悉多的蘇潘娜卡，因為她想讓悉多的丈夫羅摩自由地與其他女人相愛？我們應該責怪羅摩，因為他忠於妻子而拒絕接受蘇潘娜卡的情欲？還是說，我們應該責怪悉多陪同羅摩流放到森林，而那裡是婚姻不受束縛的地方？我們應該責怪羅摩的繼母吉迦伊要求國王把羅摩流放到森林裡？還是我們應該責怪羅摩的父親十車王答應要滿足吉迦伊的願望，但皇室怎能出爾反爾？即使我們能找出原因，難道我們還能控制所有人的行動，並決定未來的種種結果？或許我們可以想像控制自己的行動，但是我們無法控制其他人的行動，當然也就無法控制結果了。

> 阿周那啊，你只能控制自己的行動，卻無法控制行動的
> 結果。因此，無需期待，也不要不行動。
> ——《薄伽梵歌》第二章第四十七節（意譯）

那些相信因果報應的人不會怪罪別人。他們也不批判，他們接受人類就是生活在有重重因果的海洋當中，卻不怎麼能控制這些因果，所以他們接受每一刻就是每一刻應有的模樣。他們行動，卻不期待什麼，這就是「無欲行動」（nishkama karma）。

> 阿周那啊，你可以選擇的是行動，而不是報應。不要
> 因為有什麼報應，才選擇行動。也不要選擇不行動。
> ——《薄伽梵歌》第二章第二十七節（意譯）

我想要控制你的行動和報應。
你想要控制我的行動和報應。
我們都想要控制周圍的世界，想要預測未來。
行動就是「業」，也是「業力」。
「行動瑜伽」就是我們行動，
卻不企圖控制行動的結果。

## 第六章

# 同理心

## 能夠做到同理，即爲法性

---

　　如果行動瑜伽要修鍊的是不期待成果的行動，那麼我們的行為動機應該是什麼才對？動植物的行動僅僅是為了自己和後代的食物與安全，而人類卻會為了他人，甚至是陌生人的食物與安全而採取行動。這可以當作是人類的行為動機嗎？實現此一潛能即為「法性」，這個字是《薄伽梵歌》開篇的第一個字，而且經常被誤譯為「正法」。

　　阿周那在第一章中提出的一個觀點就是「法性」與「非法性」之間引發的矛盾。同理心並不是要用規則去控制他人。這就是為什麼奎師那不斷地強調「個體法性」與「他人法性」之間有差別，自己的與他人的適當行為是不相同的。

## 法性與非法性的差別

　　「法性」，dharma，一般都翻譯爲「正法」，因而帶有趨善避惡的意涵。譯成「正法」也就意指爲宗教，而宗教在本質上就是一些源於超自然或超人類力量的教條。這樣的情況太多了，以至於今天《薄伽梵歌》中的詩文，那譯文的口氣彷彿就是法官和救世主似的，而且是很像許多西方神話裡的那種。「正法」一詞反映出我們對英雄的嚮往，因此，第四章的第七和第八節常常被翻譯成：「阿周那啊，一個年代又一個年代，每當人類忘記了正法之道、非正法亂象肆虐之時，我便顯現以拯救好人、懲罰壞人，以恢復世界秩序。」這樣的譯文裡滿滿都是義憤，但是對於一個抱持無限觀點的人來說，這句話卻毫無道理，因爲這樣的人認同因果報應的觀念，在行動時是不會想要得到什麼特定的結果的。因此，我們需要重新審視「法性」一詞在傳統上的諸多含義。

**▼英雄、救世主、化身之比較**

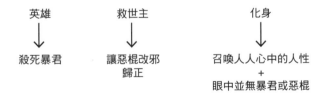

| 英雄 | 救世主 | 化身 |
|---|---|---|
| ↓ | ↓ | ↓ |
| 殺死暴君 | 讓惡棍改邪歸正 | 召喚人人心中的人性<br>+<br>眼中並無暴君或惡棍 |

　　耆那教的dharma指的是「運動介質」，有助於物質能量穩定下來，adharma則是指有助於物質能量止息的力量。佛教的「佛法」則是一條路徑，幫助我們接受包含自我在內、世間一切的短暫本質。印度教的「法性」意味著實現我們的潛能：把自己轉變成爲理

論上可達成的最好版本。那是什麼？

　　人類是唯一能夠擴展意識，並從他人的角度去看世界的生物。這種能力使人類能夠同理他人，彼此照顧。「能同理」即爲「法性」。「不能同理」則爲「非法性」。牢記此一定義，先前那一段文字的翻譯便會產生很大的不同：

> 阿周那啊，一個年代又一個年代，每當人類忘記了自己的潛能，而行有違其潛能之事時，我便顯現以激勵有信仰的人、搖醒那些無信仰的人，如此，人類對於自己的潛能將永誌不忘。
> ——《薄伽梵歌》第四章第七和八節（意譯）

　　在任何情況下，動植物都只會考慮自身，自己的飢餓和恐懼。牠／它們充其量可能會想到自己下一代的飢餓和恐懼，或牠／它們群體的飢餓和恐懼。狗的確會想到主人，但也只是牠們的主人，而不是其他人。牠們受到自我防衛以及繁衍的本能所驅使，卻沒有可做出別種反應的能力。然而，人類可以感知到他人，甚至是陌生人的飢餓和恐懼，也可以創造資源保護他人，以及提供衣食所需，這是人類與其他生物相當不同的一點。

## ▼在行動中的同理心角色

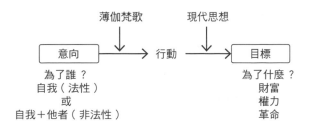

　　動植物不會有意識地去幫助其他同類。牠／它們根本就沒有發達的神經系統，所以也幫不了忙。只有人類才具備擴增的新大腦皮質（也可以用其他的想像說法來解釋，就像經常在寓言或軼事裡看到的那樣）。動植物也不會期待能得到幫助。人類會幫助別人，也期待能得到幫助，這是源自於對他人苦難的想像能力與回應能力所致。動物別無選擇，只能依循本身的直覺。人類確實能夠選擇。我們在做出選擇時，若看重他人的需求有如自己的需求時，那就是在依循「法性」。若以犧牲他人利益為代價，只顧自己的需求時，那就是在行「非法性」之事。

▼在動物與人類之間的同理心比較

動物

↓

本能地關注自我防衛
或繁衍後代

人類

↓

有想像力，
會拿出資源來支持他人

## 大魚吞小魚法則

　　在自然界，動植物利用自身的實力、體型和聰明程度存活下去，這就是所謂的「大魚吞小魚法則」（matsya nyaya，字面意思是魚類正義），也就是英語中「叢林法則」的概念，或說「強權即公理」、「適者生存」。但是，諸如正義和法律之類的詞彙是人類的概念，是我們硬套在大自然裡使其合乎我們的道理。正義和法律有個前提，那就是有法官和律師等司法制度之存在，但是自然界裡並沒有這樣的系統，自然界裡的作用力與反作用力就能確保其自我調節。為了生存，支配弱者，吃掉弱者，這就是動物之道。對牠

們來說，這是本能，而不是什麼貪求。人類如果任其「自我」胡作非為，而表現出諸如支配、占地盤之類的動物行為時，這就是在走「非法性」的道路。

在《羅摩衍那》中，猴神哈努曼要渡海時，海怪蘇若莎（Surasa）擋住了他的去路。哈努曼懇求海怪放自己離開，因為他有任務在身，海怪卻怎麼也不明白。哈努曼一意識到海怪並沒有能力理解他的處境，也因飢餓而看不清楚事情，因此他擴大體型，迫使蘇若莎把嘴巴張到極大。然後，他迅速將自己收縮成如蒼蠅般的大小，一閃身便飛入蘇若莎的大嘴中，又在她把大嘴閉上之前安全飛脫出來。在這個故事中，蘇若莎並不是有意要阻止哈努曼辦事的惡棍，而哈努曼也不是要用計謀打敗蘇若莎的英雄。在自然界中，只有飢餓的掠食者及其食物，也就是獵物，而惡棍和英雄則是人類的觀念。

▼大魚和小魚

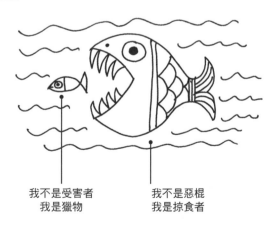

我不是受害者
我是獵物

我不是惡棍
我是掠食者

在自然界中，每個生物都必須自食其力。叢林中是不講求規則的，規則僅存在於人類文化中，以約束強者，並扶助弱者。羅

摩順應這些文化上的規則,拉瓦納卻不遵守這些文化上的規則。然而,在《摩訶婆羅多》中,儘管有文化規則,叢林法則卻也十分盛行。實際上,人們會進一步利用規則來支配弱者和占地盤。在俱盧之野,俱盧族百名兄弟運用其十一支軍隊的力量扭曲規則,並拒絕讓只有七支軍隊的般度族五兄弟進入自己的領土「天帝城」,而這是他們身為剎帝利的生命生活之所繫啊,只為了包容俱盧族的貪婪,般度族實在無法再去燒毀另一座甘味林;無法只為了創建另一座都城,而破壞更多的森林和生態系統。況且,此一做法也不能保證俱盧族不會再次前來搶奪。撤軍則意味著般度族要挨餓,也會讓俱盧族的霸凌行為合法化。般度族按照法性行事,但因為無人能同理他們,甚至無人接受他們願意妥協的提議,所以在別無選擇的情況下,般度族就只能為生存而戰了。反之,俱盧族則行「非法性」之事,因為他們本來能藉由同理、共享、妥協而避免戰事,但他們還是沒有選擇這樣做。

### ▼俱盧之野的「大魚吞小魚」

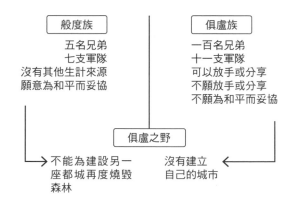

## 從規則與意圖探討法性

《薄伽梵歌》認可這個世界的多樣性和活動。每個人先天資質（varna，或是指類別、階級）並不相同；社會上的人可區分為教導（婆羅門／祭司〔Brahmins〕）、保護（剎帝利／統治者〔Kshatriyas〕）、供養（吠舍／農商牧〔Vaishyas〕）、服務（首陀羅／勞工〔Shudras〕）四種類型。此外，人人都必須經歷不同的人生階段——學生（貞守生〔brahmacharya〕）、在家居士（grihastha）、雲遊者（vanaprastha）、棄絕者（sanyasa）。往世書告訴我們，社會不停地在變化；每個文化都會經歷四個年代——純真（Krita）、成熟（Treta）、奮鬥（Dvapara）、衰落（Kali）。在不同情境之下，人如何能堅持以法性行動？

通常，人們會提出規則——傳統和法律，並將其等同於「法性」。如此，合乎傳統與法律規定的便是有「法性」，而不合乎傳統與法律規定的則為「非法性」，但是事情並不是那麼簡單，比行動更為重要的是意圖，而意圖不是具體的東西，因此是看不見的。

▼多樣性與活動示意圖

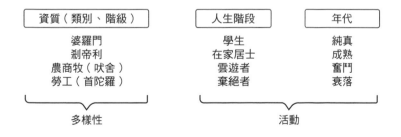

| 資質（類別、階級） | 人生階段 | 年代 |
|---|---|---|
| 婆羅門 | 學生 | 純真 |
| 剎帝利 | 在家居士 | 成熟 |
| 農商牧（吠舍） | 雲遊者 | 奮鬥 |
| 勞工（首陀羅） | 棄絕者 | 衰落 |
| 多樣性 | 活動 | |

這些規定隨情境不同也會有所變化。發生在「成熟年代」的

《羅摩衍那》，毗濕奴是王室的長子羅摩。發生在「奮鬥年代」的
《摩訶婆羅多》，毗濕奴化身爲貴族家庭裡最小的兒子奎師那，祂
由牧民撫養長大，在《薄伽梵歌》中扮演的是戰車御者的角色。這
些不同角色應該要有不同的行爲表現。羅摩有義務遵守家庭、氏族
和王國的規定，並維護皇族榮譽，奎師那沒有這種義務，這就是爲
什麼奎師那告訴阿周那，在他所處的情境下只要專心做好「個體的
法性」就好，不必以別人的情境去考慮「他人的法性」。

> 阿周那啊，即使沒能做好自己應該完成的事，那也勝過
> 試圖做好別人的事。一切行動都有缺憾，猶如火焰必有
> 煙霧籠罩。
> ——《薄伽梵歌》第十八章第四十七和四十八節（意譯）

羅摩在《羅摩衍那》中總是堅守規則，拉瓦納卻總是打破規
則。在《摩訶婆羅多》中，難敵堅守規則，奎師那則打破規則。
羅摩和難敵身爲各自氏族的長子，必須遵守規則。婆羅門的兒子拉
瓦納與牧民扶養長大的奎師那則沒有這種義務。但是，眞正推崇
「法性」的只有羅摩與奎師那，而不是拉瓦納與難敵。羅摩總是以
自己的都城阿逾陀（Ayodhya）的人民福祉爲念，而拉瓦納根本不
在乎他的蘭卡城（Lanka）是否會被燒毀。奎師那總是照顧著祂姑姑
的孩子們（般度族），但俱盧族卻處處爲難他們叔叔的孩子們（般
度族）。因此，「法性」與規則或義務無關，無論所涉及的是你的
江山，或是你的家人，要判斷是否依循「法性」，需檢視的是「意
圖」和是否「照顧他人」。

拉瓦納慷慨激昂地爲自己辯護，還有毗濕摩、德羅納、迦爾
納和沙利耶等人，也都在俱盧之戰站在俱盧族百名兄弟這邊，他們

都這樣為自己辯護——以正義、公平、合法性、責任、忠心、誠實和承諾為名，為自己的行動辯護。然而，他們沒有一個人能「看見他人」，他們因為「假我」而變得如此盲目，便用邏輯來充當律師，為自己的立場辯護。

但是，拉瓦納與難敵在批判別人時，羅摩與奎師那卻從未這樣做，祂們從不抱怨或辯解。羅摩曾與蘇潘娜卡被割掉耳鼻之事有所牽扯（業因），但祂從來不為自己辯解。在此事件發生後，羅摩之妻悉多被綁架，雖然後來獲救，但因流言蜚語，夫妻兩人也被迫分離。這些事讓羅摩個人失去幸福（業果），他也只是默默接受。俱盧族百名兄弟被殺光（業因）後，他們的母親甘陀利皇后譴責並詛咒奎師那及其全家（業果）時，奎師那也是欣然接受。

▼「法性」對比於傳統與法律

| 同理心 + | 奎師那 | 羅摩 |
|---|---|---|
| − | 拉瓦納 | 難敵 |

− 規則 +

毗濕奴並沒有對拉瓦納、難敵或難敵手下的大將們生氣，因為祂可以看見這些人對「自我」的迷戀及其心理盲從的根源。這些問題來自於「孤立」和「被拋棄」的感覺，他們覺得自己必須自食其力，沒有人可以幫助自己。因此，他們沒有去領悟身而為人的潛能，而是退回到動物天性，一心只想超越想像中的掠食者，抵禦想像中的競爭對手，吞食想像中的獵物。人類具有超越動物本性的能力，但是當人類的行為像動物一般時，這就是行「非法性」之事。這種狀況喚起了毗濕奴的慈悲心。對祂而言，拉瓦納和難敵的惡行

是「顛倒之愛」（viparit-bhakti），是出於對飢餓、恐懼、愛的嚮
往而來的。

　　阿周那啊，你走這條人性之路時，沒有傷害誰，也沒
　　有殺害誰；只要稍微努力便有助於減輕恐懼。
　　　　　　　　——《薄伽梵歌》第二章第四十節（意譯）

「法性」講求的是同理心而非道德感，
是「意圖」而非「結果」。
我關心你在物質上、情緒上或知識上的飢渴時，
我就是在遵循「法性」而活。
我以犧牲你為代價，只顧滿足我自己的飢渴時，
我所遵循的就是「非法性」之道。

# 第七章

# 交換

## 交換可以困住我們，
## 同樣也可以讓我們解脫

人有同理心，便開始互相交換。我可以滿足你的某種飢餓，你也可以滿足我的某種飢餓，這裡指的並不僅僅是身體上的飢餓，也包括了心理上的飢餓。這種「滋養彼此」的行動便形成了古老的吠陀儀式──「火祭」（yagna）；這種儀式建立了共有、互惠、義務和期望的人類生態系統，我們將在本章探討這些內容。「火祭」是《薄伽梵歌》第三章和第四章的關鍵主題。在吠陀文化傳統中，嚴格說來，「行動」（業）一詞指的正是「火祭」。行動瑜伽始於我們認清楚自己永遠是互相交換的某一方。

## 火祭提醒了我們人性

奎師那指出唯一值得從事的行動就是火祭。火祭指的是四千年前的吠陀文化，人們在聖火之前所舉行的儀式，而如今已縮減爲「獻供」（havan）儀式。

阿周那啊，除了火祭以外，所有其他行動都會使我們落入陷阱。唯有火祭能讓我們解脫。

——《薄伽梵歌》第三章第九節（意譯）

一場戰爭竟會與火祭有關係，這一點似乎很奇怪。但是，在《薄伽梵歌》中，奎師那把「火祭」當作是一種隱喻，所暗示的正是「人際關係」。要了解這一點，我們必須先了解火祭的基礎知識。

發起火祭的人稱爲「主祭者」。他召喚一位天神（神衆），並向天神提供「祭品」，同時說「娑婆訶！」（Svaha），意思是「我把我的這個給你」。他希望被召喚來的天神能給予他想要的「祭餘」（prasad），並喊出「就這樣吧」（Tathastu），亦即「讓它如此吧」，這表示交換完成。

▼火祭示意圖

　　火祭是一種非常特殊的交換方式，我們可以給予並期望收到祭品，這是給予和獲得，而不是給予和拿走。如果不付出就拿走，我們就是壓迫者；如果付出卻不獲得，我們就變成被壓迫者。供給對方所需是「法性」，不期望回報是「無欲行動瑜伽」。

　　阿周那啊，智者將「棄絕」定義為放棄行動，將「不執著」定義為放棄期望。

　　　　　　　　　　——《薄伽梵歌》第十八章第二節（意譯）

**▼火祭的交換方式**

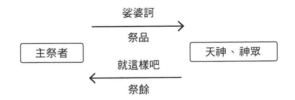

　　在名為《梨俱吠陀》的集結文本當中，第一卷《曼陀羅》（Mandala）的第一首讚美詩（sukta）第一節經文中便提到了火祭，因為火祭是在提醒我們人性。除了自己的後代，動物絕不會餵養其他動物，最多也只會給同群的動物食物。人類卻會餵養他周圍的每個人，甚至還會報恩，交易更是人類一種非常獨特的現象。雖然有文獻指出，黑猩猩和吸血蝙蝠也有交易行為，但絕對不會做到人類這種程度。

　　交換創造了期望和義務的網絡。因此，火祭是梵語文化圈的根基。現代經濟學者將市場視為社會的基礎，火祭這個觀念則與他們的看法互相呼應。

　　人類開始交換後，便走出了動物的世界。透過交換，形成了共

有、互惠、期望、義務、債務和帳戶餘額的觀念，進而形塑了文化。火祭這種儀式正是在提醒我們人類有這個能力。

> 阿周那啊，很久以前，梵天（Brahma）透過「火祭」創造了人類，並宣稱「火祭」可以滿足人類所有需求。用火祭滿足對方，對方也會滿足你。如果你不付出就拿走，那你就是小偷。餵養他人，並吃祭餘的人免於所有痛苦。只為自己做飯的人永遠不會快樂。人類需要食物。食物來自雨水。雨水來自交換。交換來自行動。交換始於神性──人性的原始火花。放縱自己的人、不報恩的人、把不報恩傳遞下去的人，會打破這個連鎖反應，他們痛苦不堪，而且散布痛苦。
>
> ──《薄伽梵歌》第三章第十至十六節（意譯）

## 各個經典對火祭的解讀

《儀軌經》（*Kalpa-Sutras*）詳述吠陀家庭祭祀的方法，其中建議「主祭者」進行「五種火祭」以餵養他身邊的每個人：自己、他人、家人、鳥類、動物和祖先。這樣做，可以消除家人和陌生人之間的界線，正如奧義諸書所言：全世界都成為一家人（vasudaivah kutumbakam）。

大多數的著作都把「火祭」一詞翻譯為「犧牲」。這樣的譯法源自於十八世紀歐洲的東方主義學者，他們從未真正進行或目睹這種儀式，可能把火祭看作是在世界各地的原始部落中常見的「血祭」，用以安撫令人生畏的邪靈，甚至認為「火祭」等同於亞伯拉

### ▼ 人際關係的火祭

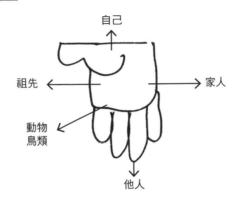

罕的神要求他獻出兒子作爲犧牲，以彰顯他的愛與順服。

後來，學者們發現吠陀文獻中還有另一個字bali才是指稱「犧牲」的意思。所以「火祭」顯然是一個更大的概念。歷史學家提出在往世書時期，人們普遍有使用食物、鮮花、焚香和油燈來「敬拜神眾」（puja）的習俗。這種拜神的行爲起源於把酥油倒入火中的吠陀文化風俗。這兩種行爲都是在召喚與獻祭。「火祭」被視爲「敬拜神眾」的早期形式。自那時起，「火祭」一詞才有人翻譯成「崇拜」。

然而，我們從往世書中可以看到火祭有相當不同的解讀。在《羅摩衍那》和《摩訶婆羅多》中，各國君主藉由火祭得到後代。他們所念的咒語可以產生立即的結果，譬如說某位天神答應要賜予孩兒給某女子，或將一支普通的箭轉成致命的發射武器。爲了得到而先付出的火祭因此負有期望和義務。火祭顯然是一種交換。

一般我們在解釋火祭時，很少用到「交換」一詞。「交換」一詞有很多問題，這個詞本身並不高尚。我們一直以來都在學習重視「犧牲」，也就是付出卻不求回報。我們甚至在歌頌「崇拜」行爲

時，常覺得「獲得」應該是一種驚喜、紅利，而不是因爲有期望才產生的結果。儘管事實上，在每一場火祭和拜神儀式，最後一首讚歌所唱誦的都是「所預期的成果」，但我們仍然不去看清楚「交換」一事。或許我們已經被制約了，以人性所嚮往之物質爲恥，或許也是因爲受到佛教、耆那教和印度教某些修行體制中，多以選擇「棄絕世間一切爲上」所影響。又或許是因爲在印度後獨立時代，我們偏愛社會主義，而因爲交換的想法中帶有商人交換、做生意的心態，所以一發現自己有這種念頭時就皺眉頭——怎能與神做交易？

奎師那說俱盧之戰是一場火祭，意思是阿周那是這個交換過程當中的一部分。他若不是做那個取悅他兄弟們的主祭者，否則就是那個必須償還欠兄弟們債務的天神。般度族依賴著他，他對般度族是有感激之情的。若要否認有這些依賴關係、這些期望和義務的存在，就是在否定人性。

修行體制排斥火祭，本質上，他們排斥的是他人，因爲火祭的存在就是在於認知到他人的飢餓。他人既是個體，也是集體（至上〔param〕）。火祭是透過交換，而建立假我與他人之間的關係。

在《濕婆往世書》（*Shiva Purana*）中，隱士濕婆將達剎（Daksha）斬首並破壞他的火祭現場時，神衆懇求他將生命還給主祭者並恢復火祭，因爲沒有火祭，神衆就要挨餓。因此，神衆依賴主祭者並不亞於主祭者仰仗神衆。這其中存在著相互依存的關係。

> 阿周那啊，供奉食物給神衆，並食用其祭餘的人能得「至上本體」，而不是什麼都不供奉的人。不同的火祭安放在「至上本體」的口部。一切都始於選擇了某一項行動。與其選擇棄絕這個世間，還不如選擇了解

「至上本體」，而這就需要採取行動，因此而做火祭。

所以，在智者的指導下，你將看到在你自己之內的眾生，也看得到一切眾生是我的一部分。你將不再迷惑。

——《薄伽梵歌》第四章第二十六至三十五節（意譯）

## 行動背後真正的想法：利己？利他？

往世書的傳說中有以下說法，一有所獲便馬上給出去的人是神眾（天神）；自以為被偷盜而想要取回那東西，這是阿修羅（asura）；強取豪奪而不付出的人是羅剎惡鬼；囤積的人是夜叉（yaksha）；不參與火祭的人、不付出也不想得到什麼的人是沙門或苦行者，在往世書中，眾人都害怕這類隱士，認為他們就是導致乾旱、飢荒的原因。在我們體內都有主祭者、神眾、阿修羅、惡鬼、夜叉、苦行者的存在，在不同的交往互動之中，這些特質便會顯現出來。

▼梵天與祂的兒子們

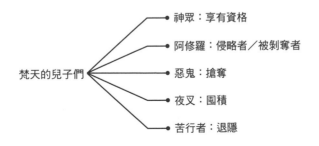

梵天的兒子們
- 神眾：享有資格
- 阿修羅：侵略者／被剝奪者
- 惡鬼：搶奪
- 夜叉：囤積
- 苦行者：退隱

有一回，濕婆神路過一個火祭場，裡面有一場火祭正在進行中，而那些主祭者的妻子們都跑出來追著祂，懇求祂滿足自己的願

望。主祭者卻生氣起來,並從祭火中引出一大堆怪物。於是濕婆消滅了所有怪物,然後開始跳起舞來,祂用各種手和腳的姿勢,傳達了這些主祭者所欠缺的智慧,亦即火祭的存在是爲了滿足周圍人們的渴望,而不是爲了召喚怪物,捍衛自我。

在《薄伽梵往世書》中也發現有類似的故事。奎師那曾經在照顧母牛群時,遇到幾位正在執行火祭的主祭者,於是向他們索要食物,然而卻未被理會。因此,祂就去尋找主祭者們的妻子。婦女們用那些爲火祭而準備的所有祭品餵飽了祂。這群主祭者大怒之餘,卻也留意到妻子們看上去心滿意足,而主祭者自己卻感到憤怒沮喪。結果,火祭爲這些婦女帶來了收穫,主祭者們卻一無所獲;其原因正是她們餵飽了飢餓的人,實踐了火祭的眞義。

> 阿周那啊,讚美詩和儀式就像一口有水體環繞的井,對
> 理解其意義的人是毫無價值的。
> ——《薄伽梵歌》第二章第四十六節(意譯)

人類的飢餓感不僅僅是因爲欠缺食物而已。我們尋求情感和知識上的滋養;我們尋求意義、認同、重要性、價值、目的、力量和理解;我們也尋求有關財富、權力、關係和生存的觀念;我們尋求娛樂;我們尋求食物,好讓自己從身爲掠食者卻找不到食物的恐懼中解脫;我們尋求安全感,好讓自己從別人口中的獵物那種恐懼中解脫;我們尋求意義,好讓自己從得不到別人認同的恐懼中解脫。如此,每一次的交會都轉變成爲交換,做愛是火祭,生兒育女是火祭,餵養別人是火祭,教學是火祭,服務是火祭,作戰也是火祭。交換可以用來滿足我們的願望,或償還債務。交換可以困住我們,交換同樣也可以讓我們解脫。眞正的關鍵並不在於行動表

面，而是取決於行動背後的想法。

▼火祭的各種祭品

在火祭之前總是先有願望。我們是要爲誰而進行這場火祭？是爲了「自我」的利益，還是爲了他人的利益？誰是受益者？誰只是工具？在無欲行動瑜伽之中，神衆是受益者，而主祭者是工具。

▼交換的方法

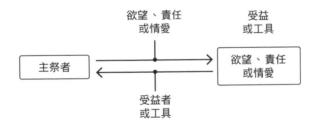

在《羅摩衍那》中，之所以會發生動亂是因爲各個角色都在犧牲他人，只爲自己的利益而行動，而當毗濕奴爲了他人，而不是爲了自己的利益而行動時，問題就隨之化解了。造成動亂的就是十車王對兒子們的渴求，吉迦伊繼后對王國的渴求，蘇潘娜卡對享樂的渴求，以及拉瓦納對支配欲的渴求。羅摩並不是爲了個人的幸福努力，而是爲了阿逾陀全體國民的幸福奮鬥。在《摩訶婆羅多》中，

造成動亂的是福身王（Shantanu）對年輕妻子的渴求，難敵對王位的渴求，以及堅戰不想要輸掉賭局的渴求。奎師那並不是為了個人的幸福努力，而是為了俱盧族全體弟兄們奮鬥。

　　奎師那要求阿周那不要為了自己的緣故才去作戰，而是要為了他人的緣故。他必須把自己當作是工具就好，因為戰爭的業種早已播下，大屠殺的業果已然無可避免。


　　奎師那說：我是毀滅一切世界的時間。即使沒有你，這些戰士也注定要死。因此，站起來去作戰吧；消滅對手，贏得勝利吧。是我已將他們殲滅。阿周那啊，就把自己當作是我的工具吧。
　　——《薄伽梵歌》第十一章第三十二和三十三節（意譯）

進行火祭就是去認識到，
我們就是活在一片充滿預設的期望和義務的汪洋之中。
你我都可以囤積、搶奪、
為了得到而先去付出、得到之後才付出，
或者就從這些交換當中退出。
我們可以基於欲望、責任或在乎而去行動。
我們可以選擇期待，或控制結果，
也可以選擇不這麼做。

# 因恐懼而收攝

## 瑜伽,一場從外在到內在的旅程

　　是什麼東西阻擋我們同理他人,並與之交流?是什麼東西讓我們想要控制他人,或者乾脆退出人際關係,在隔離的洞穴裡尋求平靜?儘管瑜伽一詞本身的意思即為「連結」,但是探索為何與源頭切斷連結的過程也稱為瑜伽。瑜伽是一個為了找到「體內永生者」,而從構成「身體」的許多「層面」中不斷穿越的過程。

　　奎師那在《薄伽梵歌》第五章開始講述瑜伽,在第六章中進一步加以闡釋。本書則在第八章裡開始探討瑜伽;我們將從外在的社交世界進入內在的心理世界,從行動瑜伽論及奉愛瑜伽。

## 瑜伽的意涵

《薄伽梵歌》的十八個篇章都以瑜伽為章名。當中可分為三種瑜伽之道——行動、奉愛、知識或認知;同一種瑜伽之道則各有六個篇章加以敘述。那麼「瑜伽」一詞到底是什麼意思?

印度人在口語上把瑜伽念成jog這樣的發音。在占星學中,jog指的是星宿排列成一直線,從而為某個活動創造有利的條件。從jog衍生出jogadu一字,意指足智多謀的人,通常是印度東部地區的用法,指稱「某個能人,能夠在分崩離析的世界中創造出一致與連結」。在印度北部地區,jogadu一字則衍生出jugad和jugadu兩個字,意思是「即興創作」,甚至能走出原有系統的旁支路徑。可惜的是,因為現今的jugad多用於犧牲他人而成全自我的情境,沒有「法性」的精神,偏向「非法性」,所以帶有負面意涵。

「瑜伽」一詞源於yuj這個發音,意思是把馬牽到馬車前面,然後套上「軛」。而意思相反的vi-yoga一詞則指的是「斷」或「離」。因此,「瑜伽」可以說是把事物接合在一起,或連結起來。

傳統上,瑜伽一直是用來當作「數論哲學」的補充說明。「數論」意即列舉細目,指的是分析,也就是將事物分解為其組成部分。與數論搭配的瑜伽則是「統合」,亦即結合各部分以建構一個複合的整體。藝術上,數論的圖像為斧頭,用於將事物切片,而瑜伽的圖像則為細繩,用於將事物結合在一起。將《摩訶婆羅多》——也包括《薄伽梵歌》——以文字記載下來的象頭神甘尼薩,便是將這兩個圖像握在雙手以提醒世人這兩種探索人生的方法。奎師那同時使用數論和瑜伽來解決阿周那的問題。祂使用數論劃出各種界線,又使用瑜伽加以融合解決。

阿周那啊，練習瑜伽要堅定不移，不要氣餒，因為瑜
伽會讓你與分離的人事物重新連結起來，並使你擺脫悲
傷。

——《薄伽梵歌》第六章第二十三節（意譯）

▼分析與統合示意圖

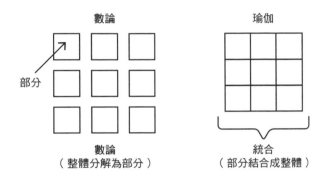

大自然充滿著離散的個體：行星、恆星、岩石、河流、植
物、動物和人類。這些個體會因某些吸引力或互斥力而自然地靠近
或分開。在物理學的領域中，我們會在行星之間，也會在次原粒子
之間觀測到這些作用力。在生物學的領域，這些作用力則顯現為動
物在尋求機會覓食和求偶，或相反地在避開如競爭對手和掠食者這
種威脅。這種「貪戀」與「憎惡」是生命的一部分。

▼貪戀與憎惡的作用力

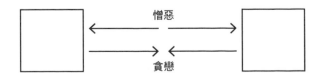

### 瑜伽的內在旅程

　　瑜伽讓我們能夠意識到這種自然相吸和互斥的作用力，而不會隨之起舞。奎師那把「感官比喻為母牛」在牧場上吃草，這一大片草地上由各式各樣的刺激物所組成。瑜伽將我們的心念轉變為牧牛人，可以決定自己的感官（譯注：比喻為母牛）該不該吃什麼。因此，瑜伽與心靈息息相關，火祭與社會息息相關，瑜伽與火祭有互補關係。火祭是外在旅程，而瑜伽則是阿周那必須開始的內在旅程。

▼ 瑜伽與火祭的比較

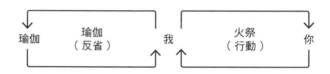

　　阿周那認為，只要他退出戰爭就可以解決所有問題，實現世界和平，但是，不打仗並不能解決根本的飢餓和恐懼問題，這樣子只是在否認並壓抑飢餓和恐懼，以及隨之而來的憤怒，而人們「假裝」沒事，讓這種不去面對的憤怒會不停惡化，結果只會在日後更猛烈地爆發。外在和平並不能保證內在平靜。此外，這樣做並沒有考慮到對方的想法和感受，阿周那想要實現世界和平，無論他的願望有多崇高，這都不是已為戰爭做好萬全準備的毗濕摩或難敵所能想見的。硬要把他這種崇高的想法套用到他們身上，就是在批判，就是沒有同理心，因此就是「非法性」。阿周那可能不想執行打仗這場火祭，但他不能阻止其他人這樣做。我們決定要採取行動，或是不採取行動，都不能對周圍的人的感受漠不關心。因此，任何關

於火祭的討論都與瑜伽的討論相輔相成。火祭著重於有形的付出和獲得，而瑜伽則著重於了解主祭者以及神眾的無形思想和情感，以及我們所創造和使用的這些界線；界線把某些人拉進來作為家人，而排除了某些人，並與之為敵。

> 阿周那啊，心念是你的朋友，也是你的敵人。如果你控制住心念，它就是你的朋友。如果你的心念控制了你，那它就是你的敵人。
>
> ——《薄伽梵歌》第六章第五和第六節（意譯）

▼ **主祭者與神眾的心念**

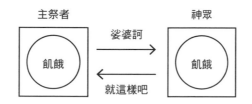

隨著《薄伽梵歌》內容的開展，「心」顯得愈來愈重要。在《薄伽梵歌》第三章中，阿周那詢問奎師那是否認為知識重於行動？奎師那回答說，祂重視「有見識的行動」。在《薄伽梵歌》第五章，阿周那詢問奎師那是否認為行動比棄絕更為重要？奎師那回答說，他重視「不執著的行動」。讓心知曉與人交流（交換）之情，讓行動不執著於期待成果，這些都需要阿周那進行一趟內在旅程。

> 阿周那啊，比起物品的交換，知識的交換更為重要，因為所有交換的最終目的存乎一心。
>
> ——《薄伽梵歌》第四章第三十三節（意譯）

奎師那說明瑜伽實則為一場內在火祭，我們是自己的主祭者和天神，自己的受益者和工具。我們可以選擇要接受什麼刺激，可以選擇要怎麼回應，於是，祭火並不在外面的祭壇之上，而可以是我們的身體、我們的感官、我們的心念，甚至是我們的呼吸與消化之火。

> 阿周那啊，處處都是火祭，有各種供品投入不同的祭火之中。世俗的刺激物可以供奉給感官之火。感官體驗可以供奉給心念之火。心智上的理解可以供奉給智慧之火。呼吸就像食物一樣供奉給生命之火。斷食供奉給節制之火。
>
> ——《薄伽梵歌》第四章第二十六至二十八節（意譯）

### 帕坦佳里的瑜伽步驟

帕坦佳里（Patanjali）在他所寫的《瑜伽經》（*Yoga-sutra*，約與《薄伽梵歌》同時期）中，將瑜伽定義為「停止因各種經驗和記憶而導致斷開連結的心念波動及扭曲」。他給出了八個步驟來靜止心念波動，並鬆開心念，以恢復連結。這八個步驟一步步地帶領我們向內穿越構成身體的各個層面。

「**持戒**」（yama）讓我們不會沉迷於性、暴力、虛假、竊盜和貪婪，因而可以從事有限度的社會活動。然後是「**精進**」（niyama），我們將藉由清潔、知足、苦修、反省以及對神的信仰，保持自律。第三項是「**體位法**」（asana），我們以各種姿勢啟動身體。第四是「**呼吸法**」（pranayama）讓我們調節呼吸。接

著，「**收攝感官**」讓我們停止從感官輸入刺激。藉由「**專注**」，我們可以覺知全局並獲得遠見。「**冥想**」讓我們變得集中和專注。到了「**三摩地**」（samadhi），我們的內在旅程就走得更遠了，體驗到各種情感，也發現了恐懼！

▼帕坦佳里的瑜伽

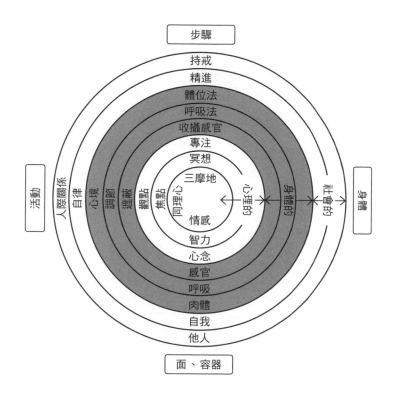

## 生命裡的恐懼與心念

恐懼是一項神經生物學上的事實。恐懼是生命到來之後所表現出的第一種情感，這是一種關鍵性的情感，對生命的奮鬥至關重

要，因為它會引起飢餓感，並使生物必須尋找食物來滋養自己。

　　因為飢餓引發的死亡恐懼使得樹木生長、尋找並抓住陽光，以及土壤中的水和養分，從而讓自己能夠得到營養。這種相同的恐懼使得動物不斷地尋找牧地與獵物，並組成群體，互相合作以增加找到食物的機會。獵物因為害怕被殺死，所以要避開掠食者，並組成群體以增加生存機會。然後，又有被對手打敗，以至於失去食物的恐懼，這使得動物互相競爭。對死亡的恐懼也引發急躁的衝動，需要更努力求偶、繁殖並冒著死亡的危險撫養後代，讓自己至少有一小部分能夠延續下去。

　　在人類的情況中，恐懼被想像力放大了。我們可以想像飢餓——我們的飢餓、周圍人們的飢餓、當前和未來的飢餓，因而我們對食物的追求是無法被滿足的。我們可以想像有很多掠食者，因此一直感到不安全。這種放大的恐懼感更刺激了人類的想像力，使得他們發明了各種自然和社會科學的工具來生產過剩的食物、分銷和取得，讓他們自己有安全感。

　　人類最大的恐懼是「獲得認同」。我們尋求意義（artha）——我們是誰？在這世上扮演的是什麼角色？當然，我們不僅僅是動物——掠食者、獵物，對手或是伴侶？這種恐懼引發了財產所有權的概念和社會的階級制度。我們因為恐懼，所以不願分享；我們因為恐懼，所以要為財產而戰。

　　恐懼使我們的心念（chitta）皺縮、打結、扭曲，產生波紋和波動，最終在我們的心念形成皺褶，頭腦中的這些皺褶稱為「印象」。在最初的生物體心中出現的最初恐懼感便形成這些印象。每一種掠食者和食物，每一種動植物的最初經驗都如此積累了數百萬年。想像力讓這些皺褶加深加厚，這種情況便導致「斷開連結」。這種受驚的、因而皺縮的、被斷開連結的心就稱為「假我」。沒有

皺縮、因而保持連結狀態的心則稱為「靈性個體」（真我）。瑜伽在講的就是「拉直皺褶」和「重新連結」，從「假我」轉回到「靈性個體」的過程。

▼從假我回到靈性個體

## 不帶批判的平等心

閱讀《薄伽梵歌》會讓人想起《瑜伽經》中提到的所有修鍊。奎師那談到運用呼吸來進行這趟「從外在到內在」的旅程。

> 阿周那啊，不要理會外在刺激的衝擊，而是聚焦於兩眉之間，調節鼻孔的吸氣和呼氣，使自己從恐懼、欲望和憤怒中解脫出來，並在你的裡面找到我；你做火祭時所供奉的每一份祭品，我就是予以接受並食用的那一位。
>
> ——《薄伽梵歌》第五章第二十七至二十九節（意譯）

《薄伽梵歌》中提到了冥想——靜坐並保持心念平靜，直到呼吸自然而有節奏。

阿周那啊，靜坐的座位既不要太高，也不要太低。將頭、頸和背部保持對齊，感官不動，心念集中，凝視鼻尖。

——《薄伽梵歌》第六章第十一至十三節（意譯）

重點是，要穿越心念的動盪向前走，去找到內心更深處的平靜。

阿周那啊，用你的心念忽略感官上的刺激，超越那個欲望，捨斷聰明的論點與觀念，駕馭不安善變的情緒，擴大你的心念並發現心中的平靜。

——《薄伽梵歌》第六章第二十四至二十七節（意譯）

瑜伽師（yogi）一旦意識到內心的恐懼，便能夠看到外在的恐懼、周圍其他人的恐懼、個體以及集體的恐懼，因為他已有連結。

阿周那啊，恢復連結的人平等看待一切，因為他們在所有地方、所有人與所有事物當中找到我。他們總是看見我，而我也看見他們。他們永遠證實我無處不在。我永遠存在於他們的裡面。

——《薄伽梵歌》第六章第二十九至三十一節（意譯）

這裡正是《薄伽梵歌》有別於《瑜伽經》的地方。《瑜伽經》說三摩地已經完全退出了物質世界，但奎師那在《薄伽梵歌》裡的說法卻大為不同，祂認為三摩地是一種看待世界的能力，是不帶批判、恰如其分的「平等心」。

阿周那啊，得到三摩地的人不因苦難而心亂，也不渴求快樂。他不會執迷於渴求、恐懼或憤怒。無論情境愉快與否，他皆平靜安然。他穩處於智慧之中，內心盈滿。

　　——《薄伽梵歌》第二章第五十五至五十六節（意譯）

　　與《瑜伽經》有這種差異不足為奇，因為我們從神話傳說中得知帕坦佳里曾經是一條蛇，他偶然間聽聞濕婆神向妻子薩蒂所揭示瑜伽之祕。濕婆神是隱士，他的道路適合不願與世界有任何牽扯的苦行者。奎師那則是在向一位主祭者、在家居士說話，所以，袖口中的瑜伽精要是要促進人與這個世界的互動。如果說苦行者是專注於其內在旅程，而主祭者是專注於其外在旅程，那麼，瑜伽師所做的則是走上內在旅程，以便讓同時進行外在旅程上的自己變得更好。

阿周那啊，瑜伽師遠勝過退出世事的隱士，也勝過什麼都知道、卻什麼都不做的學究，與什麼都做、卻什麼都不明白的在家居士。

　　——《薄伽梵歌》第六章第四十六節（意譯）

帕坦佳里

　　瑜伽使人們意識到恐懼，並關注恐懼。藉由認識到自己有恐懼的這個真實，瑜伽師能夠理解他身邊人的恐懼。他觀察著自己為什麼退縮，以及周圍的人為何退縮。他並沒有想要控制別人來擴大他們的恐懼。他努力安撫他們，使他們戰勝恐懼。如此，便生出了同理心，以及放手的能力。主祭者實踐了無欲行動瑜伽。

瑜伽師向內看，
去理解那占據著身體的心念、
那占據心念的思想、
那占據思想的恐懼、
那占據恐懼的機會和威脅，
以及占據那些機會、
那些威脅的「他人的恐懼」。

## 第九章

# 能否相信

## 在我們內心裡的神眾和阿修羅

與他人建立連結並不容易，尤其是在我們把彼此視為掠食者或獵物、對手或配偶之時。在這種情況下，我們就像動物那樣只相信自己。或者，我們只有在極端無助的情況下才能相信他人，而這也只有人類才會這樣做。如此，我們便成為「阿修羅」或「神眾」。

奎師那在《薄伽梵歌》第十六章中討論了這兩者之間的區別，但是在本書中我們早就表明，必須先了解「神眾」，才能進入與「神」（God）相關的對話。「神眾」和「阿修羅」並不是存在於外在世界「那裡」，而更多是在我們內心「這裡」。

### 神眾與阿修羅的差異

「神眾」與「阿修羅」指的是吠陀經典中的神靈，大略翻譯為「天神」與「魔鬼」，但奎師那在使用這兩個詞語時有不同的意思，神眾（天神）是一個接受「靈性個體」為真實的神靈，阿修羅則不接受。因此，奎師那並不是用超能力或是其本性好壞來區分神眾或阿修羅，而是這個生命體是否珍惜「體內永生者」。阿修羅會受字面上或可測量的外表幻象所障礙，而神眾可以體會隱喻的或不可測量的內在真實。奎師那說，不去超越身體和物質真實層面的人，儘管有任何物質成就，仍舊毫無獲得自由的希望。

> 阿周那啊，那些像神眾一樣思考的人最終得到解脫，而那些像阿修羅一樣思考的人則永遠受困。不要害怕，你的思考像神眾一樣。
> ——《薄伽梵歌》第十六章第五節（意譯）

儘管一般人都把阿修羅等同於「非信徒」，神眾等同於「信徒」，但其中的分別並不是那麼簡單。神眾也許會相信他者，但是他們能夠體驗他者嗎？

▼非信徒、信徒、體驗

非信徒　　　　　　信徒　　　　　　體驗
（阿修羅）　——→　（神眾）　——→　（薄伽梵）

《薄伽梵歌》中說明「靈性個體」是一項事實，因此在第十七

章第二十三節中出現「永恆眞實」（om tat sat）這個詞語。這是梵文中最近似於英文定冠詞的一個詞語，然而，這一事實永遠無法測量，因此從科學的角度來看，也永遠無法去證明。不過，這是可以體驗到的（覺受）。「信仰」是一個認知過程，是去接受概念上的眞理。體驗是一個情感過程，是一趟從頭腦到心的旅程。要能夠去「體驗」（覺受），你必須在實踐瑜伽的內在旅程的同時，也進行火祭這趟外在旅程。

> 阿周那啊，以沉思和冥想淨化自己的人會找到我、皈依我，在我裡面找到庇護，並且從渴望、恐懼和憤怒中解脫。
>
> ——《薄伽梵歌》第四章第十節（意譯）

兩千年前，沙門將瑜伽的練習方法普及化，但他們對火祭這項外在旅程並不十分在意，他們重視心念的內在之火（tapa，塔巴），而不是祭壇的外在之火（agni）。「苦行」（tapasya）一詞與瑜伽可以互換使用，「苦行」指的是內在旅程，而瑜伽指的是最終會走上外在旅程的內在旅程。隱士是苦行者，他們重視沉思冥想，而不是交流。因此，重視沉思冥想，卻也重視交流的瑜伽師便與他們有所分別了。隱士重視退隱而不投入、守貞而不婚、孤立而不融合、零而非無限。換句話說，對隱士而言，內在和外在旅程之間有著一道鴻溝。

### ▼內在和外在旅程之間的鴻溝

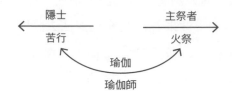

在往世書中，這道鴻溝就更加明確了。神衆比較喜歡火祭，
不喜歡苦行；阿修羅比較喜歡苦行，不喜歡火祭。他們兩邊都是
梵天的孩子。天帝因陀羅因為沒有走上內在旅程，所以永遠都沒
有安全感；他害怕那些做火祭和修苦行的人，並把他們視爲競爭對
手。因此，他會去偷人家的馬匹，破壞衆王的火祭；他派出飛天
（apsaras）去引誘專心苦修的聖人，自己也去誘惑聖人疏於照顧的
妻子來激怒他們。另一方面，我們可以看到阿修羅常常在修苦行，
並從梵天那裡獲得了許多超越因陀羅的力量。因此，神衆被描繪成
是有權利，卻充滿不安全感的生命體，而阿修羅則被描繪成被剝奪
權利、充滿憤怒的生命體。梵天的這些兒子們雖然都是同父異母的
兄弟，但卻厭惡著彼此──神衆懼怕阿修羅，而阿修羅則恨死了神
衆。

### ▼偷馬、尋求梵天協助，及派出飛天

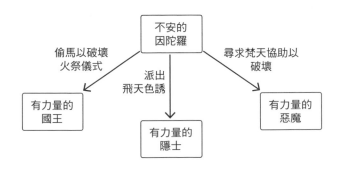

　　在吠陀經典中，神衆和阿修羅都是天界的生命體，但是在往世書中，他們顯然是競爭對手。歐洲人根據希臘神話，一開始就認定阿修羅爲泰坦族，然後又根據亞伯拉罕神話，說阿修羅是惡魔。因爲阿修羅既不是「古老泰坦神族」也不是「邪惡力量」，所以上述這類標籤導致了很多誤解。

　　古老神族和邪惡力量都是不爲人所喜，需要被趕出去的。在往世書中，神衆與阿修羅這兩邊則都是世人所需要的，因爲有他們雙方一起出力，才能攪動牛乳之洋，並提取其中諸多寶藏。由於神衆的形相就是在有著富裕豐盛圍繞的天堂（swarga）生活，所以自然就比阿修羅更受青睞，因爲如果有人成功地取悅了他們，便可以獲賜很多東西，但是阿修羅什麼都沒有。

　　直到今天，很多神話作家仍然會把阿修羅的形相塑造成惡棍、反英雄，甚至是蒙受冤屈的英雄，他們認爲阿修羅來自原始部落，遭到懂得進行火祭的吠陀文化圈所凌駕、奴役及妖魔化。阿修羅甚至被看作是負面衝動的體現，而神衆則是正面積極的化身。但我們忽略了這樣一個事實，亦即在印度教的通俗文化中，神衆和阿修羅都不曾享有像「控制者」（ishwara）或「薄伽梵」那樣的地位。我們需要把神衆和阿修羅視爲我們的情緒，而且是那種會阻撓我們，讓我們無法完成外在和內在旅程的情緒。

　　往世書的故事所發生的時刻，通常是因陀羅沒有注意到正在進行中的火祭，而阿修羅正在修極大的苦行。因陀羅的力量因此縮減，阿修羅的力量則增強。阿修羅能夠召喚梵天，從祂身上獲得恩賜，並以此進攻、擊敗神衆並將神衆從他們的天堂中驅離。因陀羅和神衆無依無靠時，便去找梵天；他們並不是要求賜予，而是要求協助。於是，梵天教他們去找濕婆神、毗濕奴或女神薩蒂，這三位便是印度教所信奉的三大主神。

　　這些故事在許多方面都呼應了印度思想的歷史──吠陀時代的火祭儀式衰落，修鍊苦行的修行體系的日益興盛，以及最終有神論傳統的勝利。這些故事也反映「拜神」（puja）儀式的興起，這種儀式讓「奉獻者」透過他者的形相來觀察在自己之外的神靈，從而使自己能與周圍的世界保持連結。

▼重新發現「靈性個體」

| 吠陀時期 | → | 佛教時期 | → | 往世書時期（薄伽梵歌） |
| --- | --- | --- | --- | --- |
| 火祭 | | 苦行 | | 拜神瑜伽 |

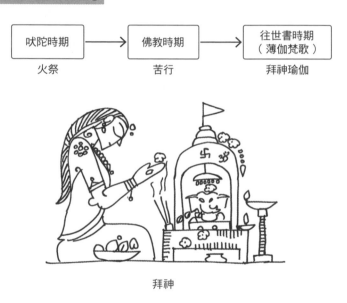

拜神

　　值得注意的是，阿修羅所尋求的是梵天的恩賜，而神眾所尋求的是梵天的協助。阿修羅對梵天本人並不感興趣，只是關心祂的財產，他們修習苦行不是為了獲得智慧以消除不安全感，而僅僅是為了獲得所謂「神通」的力量。神眾對梵天是有興趣的；他們收到梵天指示後，就會去找濕婆神、毗濕奴或女神薩蒂，這是在召喚一趟賦予智慧的內在旅程，從而消除不安全感。但是，神眾並未完成這段內在旅程。

### 觸及外在與內在的靈性個體

往世書一再提醒我們，一旦濕婆神、毗濕奴或女神薩蒂收服了阿修羅，因陀羅又回到了天堂，回到了以前的模式，他便只知道自己有權利，只要享受物質上的快樂，看到主祭者進行太多火祭就變得不安，看到苦行者修鍊太嚴格的苦行就更不安了。因爲擔心自己在天堂會遭到圍攻，享受不了自己的富貴。這非常像當今世上功成名就的人，只在困難時才會想到神，沒事時就忘了神。對他們來說，神只與他們自己的財富有關，但神並不是每個人的財富。對於他們來說，身體之內並不存在有那個能轉動外在世界的神。

阿修羅是一個爲成功而奮鬥的人，神衆是一個已經成功的人；想要成功的決心驅使阿修羅做苦行，神衆害怕失去自己所擁有的東西，或是害怕永遠都收不回來自己所失去的東西，所以尋求梵天的協助；阿修羅不相信有誰會幫助他，神衆則相信神的存在就是爲了幫助他，但他自己的存在並不是爲了要幫助誰。換句話說，阿修羅不相信有「靈性個體」的存在，而神衆相信「超靈」的存在，但尚未覺悟到人類的潛能——「靈性個體」、「生命體」。

《薄伽梵歌》裡描述阿修羅的狀況是殘酷的，並與我們在周圍世界中所看到的產生共鳴，也就是一個人所獲得的成就、所擁有的財產才是有極高價值的東西。

> 阿周那啊，阿修羅會說：「這個我已經取得了，我的那個欲望已經滿足了，我那個敵人已經被我不擇手段消滅了；我是主人、享受者、成功者、強大者、快樂者；我很有錢，我會捐錢；沒有人比得上我。」他如此深陷於自己編出來的網絡中，沉迷於填補永不滿足的欲望，

他滾進自大、嫉妒和憤怒的地獄。在類似的子宮當中一次又一次地出生；每次都被困在相同的情境裡。沒有得到自己想要的東西時便大發雷霆，得到自己想要的東西後就還要更多；他無法逃離黑暗，找到幸福的光明。
　　　　　　──《薄伽梵歌》第十六章第十二至二十二節（意譯）

　　以上的描述看起來好像是一種批判性或可能性，但其實只要好好觀察就看得見──當我們相信物質會帶給我們滿足時、當我們把人類看作只是工作和積累財物的肉體時、當我們用技術官僚的術語看待這個世界，既沒有意義也沒有更大的格局時，就會發生這樣的必然結果。我們期待物質能夠給我們帶來快樂，但是相反地，物質只會激發出更多的渴求，接著讓人上癮，最後就是貪心不足蛇吞象。我們想要的東西愈來愈多，一旦得不到想要的東西時，就會怒火中燒。

▼天堂、地下世界以及地獄

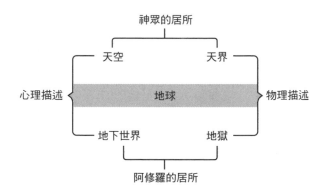

　　在往世書中，阿修羅的居所稱為「地下世界」（pa-tala），這就是屬於他們的地方，就像神眾屬於天上的天界一樣，但是在《薄伽

梵歌》中，阿修羅的居所稱爲「地獄」（naraka）。「地下世界」是
物理上的描述，而「地獄」則是心理上的描述：缺乏信仰會帶來絕
望和憤怒，因而創造出地獄。

　　戰勝神眾並不能帶給阿修羅滿足感，戰勝阿修羅也不能爲神眾
帶來啓發。他們雙方都被困在旋轉木馬裡，彼此不斷追逐，卻也無
法掙脫。然而，毗濕奴對神眾的評價比起阿修羅更高，因爲前者的
眼界是在物質領域之上的──至少有一段時間是這樣。般度族和俱
盧族雙方都在爲爭奪財產而戰，但是至少阿周那願意聽取更多未知
的可能性。

### ▼勝利與失敗的循環

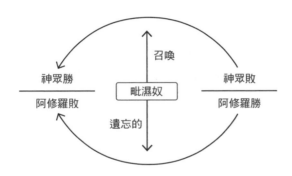

　　神眾的火祭很好，因爲可以讓我們去看看在我們身外的「超
靈」；阿修羅的苦行很好，因爲可以讓我們發現自己裡面的「生命
體」。但是，我們需要這兩者相輔相成。只有火祭的話，就是只有
行動而沒有理解；只有苦行的話，就是只有理解卻不去行動。當理
解影響行動，而行動也影響理解時，那才是瑜伽。

　　阿周那啊，瑜伽使你能夠行動卻不期待什麼，平等看待

成功和失敗。聚焦於意圖的行動遠勝過聚焦於結果的行
動。這樣的行動會把你從所有的二元性中解脫出來，從
而改善你運用瑜伽的技巧。

——《薄伽梵歌》第二章第四十八至五十節（意譯）

我們所有人都在幸與不幸的波濤中乘風破浪。
如果你我都相信我們可以靠自己控制住海浪，
那麼，我們就是阿修羅。
如果你我都覺得自己有權利獲得財富，
並且只有在不幸或懼怕不幸時記得神，
那麼，我們就是神眾。
但是，無論是神眾或阿修羅，
我們都尚未觸及
「既在體內也在體外的靈性個體」。

## 第十章

# 潛能

## 成爲薄伽梵，神的無限宇宙形相

我們不信任人類同胞，因此渴望有超脫於人類之上的某個「能人」，祂從不批判，卻會安慰我們、放縱我們滿足飢餓、撫平我們的不安全感與能力不足之處。因此，在兩千年前，《薄伽梵歌》為印度教引入了「薄伽梵」的概念，把過去相當抽象的神性概念如「梵、至上意識、靈性個體」，加以合併，並予以人格化。

《薄伽梵歌》第七至十二章詳細闡述了這個主題，這就是《薄伽梵歌》的不凡之處，祂挑戰了吠陀經典的儀式本質，奧義書的知識本質，並承認了情感在人類生活中所扮演的角色。我們並不是有感覺的理性動物；我們是會合理思考的情感動物。

《薄伽梵歌》從第二章開始講述神的觀念，奎師那在那裡是把自己當作馴服感官的工具。

> 阿周那啊，聖哲專注於我，以馴服他的感官並找到智慧。
>
> ——《薄伽梵歌》第二章第六十節（意譯）

但是，阿周那是在聽完奎師那講述火祭和瑜伽之後，才表達出他對內省及內在旅程的不安，而這也才真正開啓了對「神」這個話題的討論。

> 奎師那啊，我覺得要透過瑜伽維持「等持」這個承諾並不容易做到，因為即使感官已然錨定不動，但心念仍像風一樣不安、易變、動盪。
>
> ——《薄伽梵歌》第六章第三十三和三十四節（意譯）

阿周那坦誠相告所顯示的是，對於求道者或學生來說，僅僅接受教導是不夠的。除非「心」有安全感，否則「頭腦」永遠都吸收不了新觀念。阿周那需要一個精神支柱、一份支持、一個可以依靠的人，亦即神的安撫之手。因此，奎師那便以神的身分顯現：祂是超越肉眼的無形神靈、超越必死的不朽生命力、超越有限的無限、超越文字的隱喻。「奎師那就是神本人」這個觀念從第七章開始，貫穿第八、九、十章，直到第十一章出現了一個名副其實的爆點，讓阿周那心中再也沒有疑惑，並確實相信奎師那就是神本人。

在《薄伽梵歌》裡，用來指稱「神」的單字是「薄伽梵」，這與吠陀經典中所使用的「神眾」（devas）一詞有極大的差異。吠陀

文化時期曾用「至尊」（bhagavata）一詞來指稱「恩人」或「幸運之神」，這也是國王和聖哲的一種頭銜。但是在《薄伽梵歌》中出現了變化。因此可以說，在兩千年前「薄伽梵」一詞開始用來指稱「神」，特別是以奎師那或毗濕奴的形相所顯現的神，這一點也顯示出印度教的主流思想出現轉變。每一個生物都分配到一小部分的真實，那就是他此生的命運，而神正是所有部分真實的主人。

## 西方文化中的神

歐洲人到了印度之後，花了很長時間，很努力地要把吠陀經典的神眾當作是希臘諸神，也想要把《薄伽梵歌》與往世書裡的「薄伽梵」當作是亞伯拉罕的神。他們認為，西方人因為基督教而從多神論轉為一神論，同樣地，印度教徒也因為《薄伽梵歌》而有了類似的改變。但是，這種硬拗的類比說法並不合乎事實，因為在印度教中，多神論與一神論之間的界線本來就很模糊。雖然說亞伯拉罕的神很明確地認為希臘諸神是虛妄的，但往世書裡的「薄伽梵」反而是把神眾看作是祂的存在中的一部分。這並不是誰盜用了誰的名號，或誰收編了誰的問題，這其實就是一場進化，就是一段從有限到無限的旅程。這也是一趟從身體回到內心的旅程，神不是在「外面那裡」，神就在「我們裡面」，也在「別人裡面」。

至於西方神話很有興趣的歷史和地理，其有限性並不合乎印度教的一神觀；然而，印度教的一神觀與心理學所涵蓋的無限性卻是相通的，而此一主題歐洲人是直到二十世紀弗洛伊德和榮格著書立說之後，才開始予以認真對待。

阿周那啊，在生生世世之後，這位世間難得的智者終於

　　覺悟到：奎師那就是一切。

　　　　　　　　——《薄伽梵歌》第七章第十九節（意譯）

　　希臘神話中並沒有單一一位全能的神的概念，而是有很多天神。首先，泰坦巨人族（Titans）強硬地把大地女神蓋亞（Gaia）與天空之神烏拉諾斯（Uranus）分離開來，並成為全世界的統治者。接著是泰坦族的孩子們，他們推翻了上一代而成為奧林帕斯諸神（Olympians）。奧林帕斯諸神擔心人類會推翻他們，因此用命運把他們固定在既有的位置上。偶爾他們也會欽佩一個真正獨立並且會起而反抗的人——英雄，雖然難免心不甘情不願，他們還是會在他的來生給他一個特殊的位置。在西方神話的模式裡，諸神是會壓制、吞併、隨意占用「被征服者」的。這種神話也塑造了兩千年前控制地中海的羅馬人世界觀。

▼希臘神話中的諸神

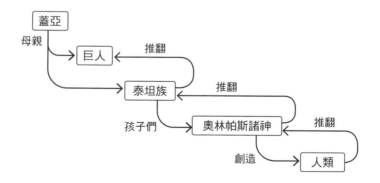

　　但是在一千七百年前，羅馬君士坦丁大帝為了統一日益分裂的帝國，他捨棄古老的希臘羅馬諸神，轉而皈依了基督教，信奉亞伯拉罕的神，而這位神說只准崇拜祂一人。亞伯拉罕的神是這個世界

的造物主，卻與祂所創造的這個世界截然二分，祂立下了規定教導人類，若要返回天堂應該如何行事。這一點也形成了伊斯蘭教的基礎概念。但是，伊斯蘭教徒並不承認基督教徒所認定耶穌是神之子這樣的說法；他們認為耶穌就像在他出現之前的亞伯拉罕和摩西一樣，是一位先知，然而，最後一位真正重要的先知是穆罕默德。認同亞伯拉罕神話的人們之間一直是分裂的，就是因為「誰是真正的先知」這個問題所造成。

**▼亞伯拉罕故事裡的神**

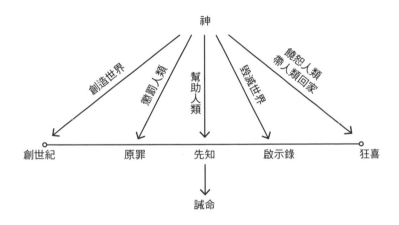

亞伯拉罕神話中的「神」經常被描寫為嫉妒心盛、占有欲強，不能容忍假神。印度神話中的「神」則不會去做這樣子的區別，甚至他自己就存在於各種地方性、通俗性的神眾群裡，這些神眾全都是「更為廣博的單一神聖實體」的各種洽詢窗口。

可以這麼說，亞伯拉罕對「神」的觀念是追求「純潔」，也因此要避免「虛假」的污染，而印度教對「神」的觀念則是追求「完整性」，因此在通往無限的旅程中便不斷吸納許多關於神的零碎觀念。這可以解釋為什麼在基督教出現之前的歐洲、美洲和阿拉伯的

精神文化或遭到徹底抹去，或隱藏起來，而吠陀文化、吠陀之前、吠陀之後和超吠陀（extra-Vedic）的各種做法，全都收攏在一支名為「印度教」的大傘之下，因而在印度各地繼續蓬勃發展並相互影響著。

> 阿周那啊，為了敬拜我而交換知識的人們，會發現我就在他們自己的裡面或外面，有以多種形相顯現的，也有以單一宇宙整體形相顯現的。
>
> ——《薄伽梵歌》第九章第十五節（意譯）

## 印度文化中的神

《梨俱吠陀》中所出現的最早關於「神」的字眼是ka，這也是梵文的第一個字母，並衍生出所有疑問代名詞，譬如什麼、何時、何地、為什麼、如何，因此，神性與「詢問」有些關聯。詩人（kavi）就是一個追問ka是什麼的人，後來「詩人」也被稱為「觀察者」（聖哲〔rishi〕）。

「觀察者」也會使用「梵」（至上本體）一詞來指稱神性。「梵」最早的含義是「語言」，因為人類是透過語言來理解其周圍世界。事實上，是語言讓人類有人性，並讓人類與動物區隔開來，因為雖然動物會把其所觀察到的結果互通有無，卻沒有語言可以分析思考抽象的念頭。「梵」也意味著提升意識，因為語言會提升意識。

吠陀儀式會召喚「原人」（至上意識），祂是一個多頭多肢的生命體，滲透在各個宇宙的每一個層面，由祂分裂而出的一部分是這個世界的造物主。在早期的推測性文獻《森林書》（*Aranyakas*）

中曾提及「造物主」（prajapati），亦即一顆「心念種子」，其與物質子宮的結合便創造了這個多元的世界。因此，是神的分裂與結合帶來了創造。在晚期的推測性文獻奧義諸書中，「梵、原人與造物主」都等同於不朽的「靈性個體」，也就是位於眾生體內、稱為「生命體」的那位，也是位於眾生周圍、稱為「他者的靈性個體」的那位。如果說「生命體」就是你真正的自己，而「他者的靈性個體」是另一個生命真正的自己，那麼「超靈」就可以說是「你和他人可以共同成為的一種狀態」。將神視為與人性如出一轍向來都會引發激烈辯論。「神」從一個抽象而神祕的概念，逐漸成為一種心理上的概念。

▼印度教的「神」之來歷

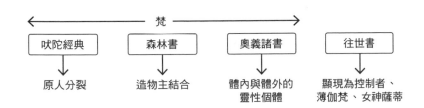

兩千年前的往世書裡，神終於「人格化」，並顯現出我們現在非常熟悉的形相。事實上，《薄伽梵歌》在這個轉變中扮演著關鍵角色，在《薄伽梵歌》之前的時期，神只是一個概念，在《薄伽梵歌》出現之後，神成為人間事件中的一個人物。

古老抽象的詞彙──原人、梵、造物主、靈──逐漸被兩個新詞掩蓋過去：「控制者」和「薄伽梵」。「控制者」指的是神性的種子，「薄伽梵」指的是神性已長成完全成熟的樹，樹上結滿了果子與花朵。「控制者」與隱士濕婆神有關，他與薩蒂結合而創造了

世界，「薄伽梵」則與在家居士毗濕奴有關，祂醒來便進行宇宙創造，祂沉睡便導致宇宙消融。在祂每一回醒來和沉睡之間，又以多種形相在地球上各處顯現，這其中也包括了奎師那這個化身。往世書裡的濕婆神和毗濕奴也都預設了「女神」的存在，她是大自然，因此也是人類的母親，她也是文化——人類的女兒。

**▼控制者、薄伽梵與女神薩蒂**

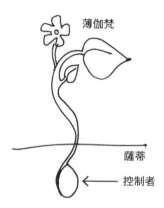

## 各種神的形相

亞伯拉罕神話中的神並沒有形相，印度神話中的神則兼具「無形相的梵」與「有形相的梵」，這一點在《薄伽梵歌》第十二章中有相關論述。因為沒有形相，就無法說祂是男是女；而有形相，祂也可以不是透過出生而來，也可以不死，就像濕婆神、毗濕奴和女神薩蒂一樣，根據描述，祂們是「自我創造的」，而「不是從子宮出生的」，否則，祂就會像任何一個「從子宮出生的人」（yonija），如羅摩和奎師那一般，會有出生和死亡的經歷。

　　亞伯拉罕神話裡的「神」雖然沒有形相，卻是以對男性的尊稱來稱謂，以及形相化。印度神話中「神」的形相有時被想成是男性，有時是女性，有時兩者都是，有時兩者都不是。因此，奎師那在第七章第六節中說到，物質世界和心念是他的兩個子宮，而在第十四章第三節中也談到了祂如何將自己的種子放置在梵天的子宮中。奎師那也用女性的詞彙來形容自己。在第十章中，祂認為自己就是恆河，也是讓人心想事成的母牛「如意神牛」（Kamadhcnu）。自然而然地，在馬哈拉什特拉邦（Maharashtra）的詩人聖哲們稱呼奎師那在地方上的形相——維塔爾（Vitthal）——奎師那雙手扠腰站在磚塊上的形相為「維塔爾之愛」（Vittha-ai），意即「維塔爾媽媽」，他們這樣去稱呼神都是不成問題的。

　　亞伯拉罕神話中的「神」並沒有家人或任何這種人際關係。在基督教神話中，神有一個兒子，但沒有妻子。印度教的「神」被視為一個在家居士的形相，他要處理廟裡和傳說故事所說的那些世俗的人類問題。儘管「梵」一詞在整個印度教中仍然是神聖的，指的是萬事萬物中的神聖潛能，但往世書裡所描寫的梵天並未受到人們的崇拜，因為一般認為梵天是尚未開悟的在家居士，他試圖控制女神薩蒂，並在違背女神意願的情況下，不停追趕她，以至於被濕婆神取走一顆頭；濕婆神以已開悟的隱士身分受到民眾崇拜，而且因為女神的關係才成為一位開悟的在家居士；毗濕奴則以已開悟的在家居士身分而受到民眾崇拜，女神供應祂一切所需，祂則對女神負起責任，並會顯現出各種形相來保護她——當她成為悉多時，祂就成為羅摩；當她成為蘭妲、德羅波蒂、真光皇后（Satyabhama）時，祂就是奎師那。

▼印度教的三位主神

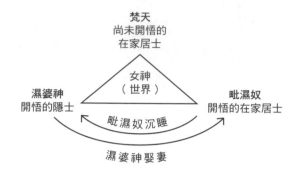

## 《薄伽梵歌》裡的神

《薄伽梵歌》從第七章開始，神的觀念成爲了話題中心。

> 阿周那啊，你的感官體驗到我所顯現形相的八個部分：
> 五項元素、情感、智性和自我認同。在這些之上的則
> 是我未顯現的形相，萬物由我撐持，有如珍珠項鍊串在
> 線上。
>
> ——《薄伽梵歌》第七章第四至七節（意譯）

在第八章中，奎師那透過非人格的行動與有人格的原初連結
（adi-yagna），把非人格的心（梵）與非人格的物質（adi-bhuta），
連結到有人格的原初靈性個體（adhyatma）與有人格的原初身體
（adi-daiva）。於是，神性便與個體，亦即「超靈」便與「生命體」
連結起來了。奎師那宣稱祂自己是萬事萬物的終極源頭，也是其目
的地，一切都來自於祂，也終將回到祂裡面。

阿周那啊，一心奉獻的人在死亡之時，呼吸靜止、注
意力集中、想著我，他便會來到我身邊。

——《薄伽梵歌》第八章第六節（意譯）

在第九章中，奎師那說，所有人都可以去到祂那裡，甚至連壞
人或位卑者都可以。

阿周那啊，即使是你認為罪大惡極的人，若發現他們走
在我的道路上，你也應該尊敬他們，因為他們最終都會
找到平靜喜悅。即使是皇家戰士普遍瞧不起的人，如婦
女、商賈、勞動者和奴僕，甚至是私生子女，只要是
我的奉獻者，便永不毀滅。

——《薄伽梵歌》第九章第三十至三十二節（意譯）

在第十章中，奎師那說祂存在於所有事物當中，並顯現出「卓
越」這種品質。

阿周那啊，我是存在於萬物之中的生命。我是起點、
中間和終點。在阿帝提亞（Adityas）之中，我是毗
濕奴。在光體之中，我是太陽；在群風之中，我是
風神瑪瑞祺；在繁星之中，我是月亮；在知識的書籍
之中，我是旋律；在神眾之中，我是天帝因陀羅；
在感官之中，我是心念；在生物之中，我是意識；
在魯鐸（rudras）之中，我是濕婆；在夜叉和羅剎之
中，我是俱毗羅（Kubera）；在五種元素之中，我
是火；在山脈之中，我是梅茹（Meru）；在祭司之

中，我是祭主仙人（Brihaspati）；在軍隊統帥之中，
我是卡爾提凱亞（Kartikeya）；在水體之中，我是海
洋；在頌歌之中，我是「歐姆」（aum）；在儀式之
中，我是朗誦；在不動者之中，我是喜馬拉雅山；在
樹群之中，我是無花果樹；在信使之中，我是那羅
陀（Narada）；在歌仙（gandharvas，又稱乾闥婆）之
中，我是祈陀拉塔（Chitraratha）；在瑜伽師之中，我
是聖哲卡皮拉；在馬群之中，我是出自甘露之洋的烏
柴刷瓦（Uchhaishrava）；在象群之中，我是艾拉瓦塔
（Airavata）；在人類之中，我是君王；在武器之中，
我是閃電；在乳牛之中，我是如意神牛；在戀人之中，
我是愛神伽摩（Kama）；在地球的蛇類之中，我是瓦
蘇柯依（Vasuki）；在天界的蛇類之中，我是阿難達
（Ananta）；在海洋住民之中，我是瓦茹納（Varuna）；
在祖先之中，我是阿爾亞瑪（Aryaman）；在懲罰者之
中，我是閻摩（閻羅王）；在阿修羅之中，我是普拉哈
拉達（Prahalada）；在控制者之中，我是時間；在野獸
之中，我是獅子；在飛禽之中，我是老鷹；在淨化物之
中，我是風；在武士之中，我是羅摩；在魚類之中，
我是海豚；在河流之中，我是恆河；在韻律之中，我是
嘎雅垂曼陀（Gayatri）；在月份之中，我是十二月；在
四季之中，我是春天；在欺詐之中，我是賭博；在我的
人之中，我是我；在你的人之中，我是你；在講故事
的人之中，我是毗耶娑；在詩人之中，我是太白仙人
（Shukra）。我是懲罰中的刑杖、求勝者的謀略、祕密
中的沉默、智者的智慧。我是種子，沒有我，就沒有

元素、植物、動物。我的顯現無窮無盡。這些只是我無數富裕的約略概況。

——《薄伽梵歌》第十章第二十至四十節（意譯）

在第十一章中，奎師那應阿周那所要求，顯現了祂擴展的形相（virat-swarup），阿周那發現，神有無限的宇宙形相（vishwa-rupa），時時刻刻都是萬事萬物的因與果，甚至更多。

阿周那啊，看看我千百種美妙的形相吧。這些形相種類各異，色彩繽紛，形狀有別。看那三十三位吠陀神眾：八位瓦蘇（vasus），十二位阿帝提亞，十一位瑪魯塔（maruttas），兩位雙馬童（ashwins），還有更多前所未見之物。看看在我體內的整個宇宙，有生命的、無生命的。我將賜予你特殊的視力，讓你看看這番玄妙景象。

——《薄伽梵歌》第十一章第五至八節（意譯）

奎師那描述完自己之後，全勝開始講述阿周那所看到的。

全勝說：君王啊，偉大的瑜伽主人——奎師那語畢，便向阿周那展示祂那神聖的形相。祂有無數的口和眼、無數的飾物、無數的法寶，祂同時面向各個方向，祂光芒燦爛有如一千個太陽當空照耀，阿周那在奎師那的體內看到了大千世界，他毛髮直豎，叩首頂拜。

——《薄伽梵歌》第十一章第九至十四節（意譯）

最後，阿周那講述他所看到的。

奎師那啊，在您裡面我看見所有神靈、蛇神、聖哲與
端坐於蓮花之上的梵天。我也見到您無處不在、燦爛耀
眼；您是源頭、目標、靠山、守護者；您沒有開始、
中間或盡頭；您的手臂無可計數，您的力量無窮無盡。
您以日月為雙眼，口中噴出烈焰，以您無限的肢體與
無限的軀幹填充於地球與天空之間的空隙。萬物進入您
之中、欣賞您、尊敬您。在您的嘴裡，在您的牙齒之
間，您咬碎了所有世界，還有所有戰士，那邊和這邊
的戰士們。
　　　　　──《薄伽梵歌》第十一章第十五至三十節（意譯）

在第十二章中，奎師那回復祂原來的人體形相之後，講述如何
在不同形相，甚至在無形相之中感知到祂。

有些人透過崇拜我的形相了解我。有些人透過冥想了
解無形相的我。對大多數人來說，比起冥想無形相的
我，崇拜有形相的我較為容易。
　　　　　──《薄伽梵歌》第十二章第二至五節（意譯）

印度神話裡的這位神，從吠陀文獻的詩句躍然而起，在《薄伽
梵歌》中宣說祂正是吠陀經典及所有其他一切事物的源頭與終點。
換句話說，語言揭示了神的觀念，而神的觀念則宣告是祂孕育了語
言。形相揭示了無形相，是無形相令形相有意義。印度教關於神的
概念是透過語言與自由使用的隱喻呈現出來的，是位於人的內在，

而不是外在。這種對神的概念就是讓人類渴望有意義，並且要找到意義的原因；這種對神的概念就是使人類擺脫恐懼，並能提升意識要去探索永生、無限的原因；這種對神的概念使人類能夠照顧他人，也是每個人都可以做到的。這種對神的理解是相當心理式的，是印度教獨有的，也是讓印度教有別於西方神話的一個重點。

我希望你成為薄伽梵——
能看得到我這部分的真實世界、
我的不安全感和我的脆弱，
能安慰我，而不會讓我覺得渺小。
你有這個潛能，我也有。
如果你我都沒有的話，那麼一定也有人會有的。

## 第十一章

# 包容

## 擴展心念，走在「梵」的道路上

　　為了找到內在的神，我們必須超越自己這一小部分真實的範圍，並去理解身邊的人所感受到的飢餓和恐懼。為此目的，我們必須提升意識以便找到「梵」（至上本體）；透過哈努曼這個人物，我們可以好好探究此一觀念；哈努曼就是在史詩《羅摩衍那》中扮演關鍵角色的猴神，飄揚在阿周那戰車上的旗幟正是他的形相。哈努曼在《薄伽梵歌》成書後的第十世紀成為家喻戶曉的神祇，當時印度教的修行傳統逐漸興起，而佛教的修行傳統逐漸式微。

阿周那的旗幟被稱為「猴神法幢」（kapi-dhvaja），因為上面有猴的形相。「猴」在長久以來就是人類心念的象徵，因為其躁動不安、專橫獨裁、占地為王，直到長大前都要緊緊貼著母親這個舒適源頭，這些猴性表現都和人心一樣。梵語中另一個代表「猴」的字是 va-nara，意即「次於人類」。這個單字源於「森林－人」（Vana-nara），是由「森林」（vana）與「人類」（nara）組合而成。

但是，在阿周那旗幟上的可不是普通的猴子。哈努曼是猴類中最為強大者，史詩《羅摩衍那》中對於他的傳奇故事也多所著墨。他為人常見的形相是俯身在羅摩腳邊，看上去像是人類，但實際上是神「那羅延」（Nara-yana，字義為人類的庇護所）的身分。那羅和那羅延也指稱吠陀文化中兩位形影不離的聖哲，也是毗濕奴的化身。一般認為，形影不離的阿周那和奎師那，也是那羅與那羅延再次投生而來。

「次於人類」、「人類」和「人類的庇護所」所代表的就是生存的三種型態：動物、人類和神。現在的科學家們在談論「人類腦」這部分是近代才發展出來的，而「人類腦」的位置就在較早期的「動物腦」上方。動物腦植根於恐懼，專注於生存，而人類腦植根於想像力，因此會想要透過理解大自然來理解自己。

在生存和理解之間就有了批判，也就是根據想像出來的基準，對周圍的所有人事物進行評估，以便定位自己的一種行為。動物想要辨識對方是掠食者或獵物，是對手或伴侶。批判者想要根據自己的框架，確認這世界是好是壞、無辜或有罪、是非對錯、壓迫者或被壓迫者。觀察者則想要弄清楚事情的真相。

## 梵的意義與象徵

從動物到批判、到觀察者的旅程，就是從「次於人類」到

「人類」到「神」的旅程。這段旅程牽涉到「假我」——恐懼的心
念——的整頓澄清，以及最終所覺知到的「靈性個體」——安然之
心。這就是成為「梵」的意義。

▼心念的擴大

| 那羅延 | 神 | 覺悟其他 |
| 那羅 | 人類 | 覺悟自我 |
| 次於人類 | 動物 | 自我保護 |
| | | 繁衍 |

　　「梵」（brahmana）這個單字有兩個字源：擴展（brah）和心
念（manas）。在《梨俱吠陀》中（視用法而定），它指的是「語
言」，亦即「提升意識的語言力量」，以及「擴展了的心念」。學
習「梵」的學生稱為「貞守生」（brahmachari），意即他們應該修
正言行以期提升意識。後來，「梵」這個字用來指稱禮儀手冊（關
於「梵」的書籍），最後則用來指稱這些書籍的保存者（即一般所
謂的婆羅門種姓）。甚至到後來，「梵」就成為了往世書中的一個
人物，也就是造物主梵天（Brahma），他對自己的創造工作過於投
入，以至於忘記了自己真正的身分，變得不值得崇拜。毗濕奴使梵
天的許多兒子得以提升意識，有些成功了，有些則沒有。在《羅摩
衍那》裡，羅摩使哈努曼得以從「羅摩的僕人」，靠自己的能力轉
化成為「偉大的力量之神」。在《摩訶婆羅多》裡，奎師那轉化般

度五兄弟，其中有部分成功了。不同於希臘史詩是從人類主角轉化成為傑出英雄，印度史詩中的人類主角就是神，而祂能轉化祂周圍的人們。

《薄伽梵歌》中用「梵」及「無限大」這兩個字來指稱「神聖」：人類的能力可以提升意識、發現神性並在每一處找到意義，正如以下這首印度教徒在飯前會唱誦的詩句所述。

阿周那，提供食物的人是神聖的，所提供食物是神聖的，接受食物的人是神聖的，食用食物的人是神聖的。凡是願意提升意識的人，一切定會變得神聖。
　　　　　　　——《薄伽梵歌》第四章第二十四節（意譯）

這個觀念可以用往世書中一個故事予以完整說明，阿逾陀的人民很高興看到哈努曼咬著悉多賜給他的珍珠。哈努曼說：「這些珍珠裡面如果沒有『悉多的羅摩』，又有什麼用？」接著，哈努曼撕開他的胸膛，露出他心裡的「悉多的羅摩」。因此，哈努曼流露出他對於——位在「身體」內的——「體內永生者」的深刻領悟。他到處尋找「體內永生者」，因此擴大了心念，而找到了「梵」。

哈努曼的「體內永生者」

「梵」所象徵的狀態是人類完全超越動物腦的境界。換句話說，恐懼已不存在。我們不會把對方視為掠食者或獵物，伴侶或競爭對

手。我們不會想要為了自己的地位而去批判對方。我們的身分不是要看別人才能確定的。我們的身分是獨立的，不需要什麼後台支撐。為了讓那些心念委靡、陷入困境、沒有安全感的人發揮能力，我們要不就像濕婆神那樣退隱，要不就像毗濕奴那樣投入世間事。

> 阿周那，要擴展你的心念，請利用智慧讓你的心念遠離感官刺激，從而拋開自我迷戀、攻擊、傲慢、欲望、憤怒，占有欲、依戀和厭惡。你滿足於獨處、節制消費、沉默寡言，與世界維持連結並保持覺知。
> ——《薄伽梵歌》第十八章第五十一至五十三節（意譯）

## 《羅摩衍那》裡的哈努曼

　　一個心念擴展了的人會有什麼表現呢？我們從《羅摩衍那》這本書裡學到了這一點。這部史詩講述羅摩王子的故事，他因為宮廷的陰謀而被放逐到森林。在森林中，他遇到了羅剎和猴族這些在本質上都是尚未提升意識的生物。羅剎的國王拉瓦納綁架了羅摩的妻子悉多，而猴族則幫助羅摩找回了她。

　　羅剎的國王拉瓦納是一位婆羅門的兒子，精通於吠陀經典。然而，他也展示了大男人主義者的所有特徵，例如支配欲和占地盤。他驅逐他的兄長財神俱毗羅，自立為蘭卡國王；他費盡心思要立悉多為后，卻遭到她一再拒絕——悉多對羅摩的忠貞令他非常憤怒，也十分困惑。

　　猴族國王蘇格里瓦同意幫助羅摩，條件是羅摩也要助他推翻瓦利；瓦利因為一場誤會，把蘇格里瓦趕出基什欽達（Kishkinda）王

國，因而違背了其父親希望兩兄弟分享王位的遺願。羅摩殺死了瓦利，但蘇格里瓦立即忘記了承諾，直到羅什曼以可怕的後果威脅他。

　　哈努曼與拉瓦納一樣都精通吠陀經典。哈努曼與蘇格里瓦一樣都屬於猴族，但是哈努曼更是與眾不同，他會觀察並去理解。他幫助蘇格里瓦是因爲他有義務這樣做，因爲蘇格里瓦的父親——太陽神（Surya）是他的上師。他保護蘇格里瓦免受瓦利過度侵害，但因爲瓦利根本不是他的對手，所以他也沒有要趕盡殺絕。他根據自己的意願，爲羅摩服務。即使拉瓦納不是他的敵人，他還是加入了對抗拉瓦納的征戰，因爲他意識到羅摩也不認爲拉瓦納是他的敵人。在羅摩的眼中，沒有小人、受害者或英雄之別，都只是人類出於恐懼而沉迷於動物般的行爲，因而沒有走上「法性」之道，反倒是走了「非法性」之道。羅摩之所以與拉瓦納戰鬥，是因爲拉瓦納不聽從人類的理性，而比較喜歡動物的蠻力。除了哈努曼，沒有人認識到羅摩並非凡人，祂是那羅延。這一發現使哈努曼得以提升意識，做出選擇並承擔責任，從動物轉化而成神。這就是爲什麼會有專門供奉哈努曼的神廟的原因。

> 阿周那，明智的人放下行動的果實，因此擺脫了一再投
> 生的循環。他們的智慧貫穿那些刻板的讚美詩和外交辭
> 令，因爲瑜伽使他們與真實的自己連結起來。
> ——《薄伽梵歌》第二章第五十一至五十三節（意譯）

　　哈努曼追隨羅摩回到阿逾陀後，他觀察到流言四起，人們都說悉多與拉瓦納有過接觸，敗壞了名節，以致羅摩竟拋棄了懷孕的悉多。但是他不批判羅摩，他觀察到羅摩身爲皇家氏族的接班人，該

如何做才能不違反氏族規則，也須不惜一切代價維護氏族的聲譽。他觀察到，即使羅摩的人民心胸狹隘，羅摩也從不背棄他們，更不試圖說服他們相信王后是貞潔的。羅摩拒絕擔任阿逾陀的審判法官或為悉多辯護。他只是拒絕再婚；他也許必須放棄王后，但他永遠不會放棄自己的妻子。

> 阿周那，看到神平等地處於萬物之中的人，他即使傷人，也不會損害到那人的「真我」（靈），因此達到了至高境界。
>
> ——《薄伽梵歌》第十三章第二十八節（意譯）

哈努曼也觀察了悉多為何拒絕返回羅摩的阿逾陀，儘管她不曾有一刻懷疑過他們對彼此的愛。在一個講求各種規則的世界中，每個人都要做出選擇，每個選擇都會產生後果。業力也適用於羅摩和悉多。無論在什麼情況下，羅摩和悉多都不會違背「法性」。因此，哈努曼覺悟到了成為「那羅延」（神）所需要具備的條件：獨立，同時可為他者所依賴。

### ▼神的真理

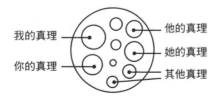

哈努曼侍奉羅摩——顯現於外的神，並從中發現他自己內在的神。奎師那服務阿周那，並展示他的宇宙形相，使阿周那感到夠放

心、夠安全，足以進行其內在旅程，而這也將啓動其外在旅程。

## 《摩訶婆羅多》裡的哈努曼

哈努曼也出現在《摩訶婆羅多》中般度族的流亡之旅。不像羅摩那樣，自己沒有過錯，遭流放後依然平靜自處，般度族則充滿受害者心態，即使在賭局中把大好江山賭輸掉的就是他們自己。

其他真理　　她的真理　　我的真理　　她的真理　　你的真理

擴展了的心念

哈努曼行經森林時，那步伐神態就像一位剛得到加冕的王子，他拒絕繞過岩石或樹木，而是堅決直走，要動物們從他的行進路線退讓到一旁，這和愛護動物、通情達理的羅摩大爲不同。於是，

般度族的二王子怖軍撞上的就是這樣的哈努曼。哈努曼以一隻老猴子的形相斜倚在怖軍要通過的小路上，而且拒絕讓路。「把我的尾巴踢到一旁，就可以繼續前進。我實在太虛弱了，無法自己挪開尾巴。」怖軍嘗試這樣做，甚至使出了傳說中所有的神力，但就是沒辦法將老猴子的尾巴移動半寸。這樣子被挫了挫銳氣之後，他意識到這老猴子就是在教他一課的哈努曼。然後，哈努曼展示了他的巨大形相，正是當年他一跳便越過大洋到達蘭卡的那個形相。這提醒人們不要低估我們身旁一切事物的潛能。

哈努曼在大戰前也遇到了阿周那。當時阿周那大聲地問道爲什麼羅摩沒有建造一座箭橋來越過大海，進入蘭卡。哈努曼說：「也許這樣的橋無法承受一隻猴子的重量。」阿周那爲了證明哈努曼錯了，便搭建了一座跨海的箭橋。哈努曼才一腳踏上，橋便崩塌了。這樣的事情一次又一次發生，直到奎師那勸告阿周那在放箭時高喊羅摩的名字。阿周那照做之後，所搭起的箭橋無比堅固，即使哈努曼現出他巨大的形相，橋也沒有再斷裂了。因此說，對神擁有信心的力量，超越了技巧和實力。

「你是羅摩時，我就在你腳邊。」哈努曼對奎師那說：「現在我可以站在你的頭上了嗎？」奎師那同意了。阿周那震驚不已，他想：「讓一隻猴子站在奎師那的頭上？」「阿周那，你怎麼了？」奎師那問道：「你假想的優越感從何而來？我就坐在你的腳邊。哈努曼不能站在你的頭上嗎？」

　　阿周那啊，對眾生友好仁慈，而非憎恨嫌惡，沒有占有欲，也不自我放縱，無論享樂或痛苦，都保持穩定、寬恕容忍、永遠知足、約束心念，堅決地為我從事奉愛服務，將心念和智性都專注於我，這是我所鍾愛

的奉獻者。

——《薄伽梵歌》第十二章第十三和十四節（意譯）

般度族和羅摩之間的區別因此不斷地得到驗證。羅摩之所以是偉大的國王，並不是因為他擁有國王的身分，也不是因為他是英雄，而是因為他有「擴展了的心念」，他不恨任何人。般度族儘管擁有實力和技巧，卻沒有安全感，所以不斷地在尋求認同。由於害怕，般度族看不到周圍的愛。哈努曼透過觀察羅摩，發現了對「靈性個體」的愛，超越了假我的恐懼。奎師那希望阿周那透過聆聽《薄伽梵歌》，也會發現同樣的道理。

當我感知到你是在承認、理解並接納我的世界觀，
而不是摒棄、忍受、崇拜甚至追隨我的世界觀時，
我就知道你正在擴展自己的心念，
並正走在「梵」的道路上。

## 第十二章

# 因應

## 擴展心念、縮小自己，
## 以包容他人的視野

　　不斷在擴展的心念有能力縮小自己，以包容他人有限的視野，例如，母親可以假裝生氣，讓她的孩子開心。因此，孩子可以沉浸在他有限的世界觀裡，並在情感上得到滋潤。同時，這位母親也獲得了滋潤，因為她實現了她自身潛能的意義。

　　一段健康的關係就像是火祭，總是雙向的，而不是單向的，這就是神的化身不會單單只是出現一位導師或救世主的原因，也正如我們即將看到的「蘭妲」這個角色與神的關係那樣。她現身於八百年前的印度土地上，是從《薄伽梵歌》的種子所長出的「至尊」之花。蘭妲以「情愛」取代「奉愛」，讓神既愛著她，也接受她的愛，並以女性氣質圓滿了神性。

在《薄伽梵歌》之中，奎師那有共四十多個名字，但是其中只有一個名字可以看出祂的牧童出身，那就是戈文達（Govinda），意思是「牛群的看守者」。

## ▼奎師那在《薄伽梵歌》中的名字

| 奎師那獨有的名字 | 毗濕奴獨有的名字 | 神的一般通稱 |
|---|---|---|
| Govinda (1.32) 戈文達，牧牛少年、牛群看守者 | Achyuta (1.21) 阿丘塔，永不變化的 | Adideva (11.38) 阿迪戴瓦，第一位至尊神 |
| Hari (11.9) 哈里，拿走祂的奉獻者所有悲傷 | Adhiyajna (8.2) 阿迪雅格，鼓勵生命體從事火祭的超靈 | Amitavikrama (11.40) 阿密塔維克拉瑪，力量無可估量 |
| Hrsikesha (1.15) 慧希凱施，感官的主人 | Adikarta (11.37) 阿迪卡爾塔，最初的造物主 | Aprameya (11.17) 阿菩拉美雅，難以理解、深不可測 |
| Janardana (1.35) 迦那丹那，成功與解脫的控制者 | Ananta (11.37) 阿難達，無窮盡 | Apratimaprabhava (11.43) 阿菩拉提瑪菩拉巴瓦，無與倫比的力量 |
| Keshava (1.30) 凱沙瓦，殺死惡魔卡西的人 | Ananta-rupa (11.38) 阿難達如帕，無窮盡的形相 | Bhutabhavana (9.5) 福塔巴瓦那，維繫一切展示的人 |
| Kesinishudana (18.1) 凱辛尼蘇丹那，殺死惡魔卡西的人 | Ananta-virya (11.19) 阿難達維爾雅，無窮盡的力量 | Bhutabhrun (9.5) 福塔布倫，眾生的維繫者 |
| Krishna——(1.28) 奎師那，最有吸引力的人 | Arisudana (2.4) 阿瑞蘇丹那，殺死敵人的人 | Bhutesha (10.15) 福塔特沙，眾生的無上控制者 |
| Madhava (1.14) 瑪德瓦，瑪杜王朝的後裔 | Bhagavan (10.14) 薄伽梵，至尊主 | Deva (11.14) 戴瓦、神 |
| Madhusudana (1.34) 馬度蘇丹那，殺死惡魔馬度的人 | Jagannivasa (11.25) 佳嘎尼瓦沙，宇宙居所 | Devadeva (10.15) 戴瓦戴瓦，神眾之神 |
| Sakha (11.41) 紗柯哈，密友 | Jagatpati (10.15) 佳嘎帕提，宇宙的主人 | Devavara (11.31) 戴瓦華拉，無上的至尊神 |
| Varsneya (1.40) 瓦師內亞，瓦師尼氏族的後裔 | Kamalapatraksha (11.2) 卡瑪拉帕澤夏，好似蓮葉般的眼睛 | Devesha (11.25) 戴瓦沙，神眾的控制者 |
| Vasudeva (7.19) 瓦蘇戴福，瓦蘇德瓦王的兒子 | Mahabahu (6.38) 瑪哈巴護，手臂長而有力之人 | Isha (11.44) 依沙，控制者 |
| Yadava (11.41) 雅度族，雅達王的後裔 | Purushottama (8.1) 菩如首塔瑪，至尊神、至尊人 | Ishvara (4.6) 依虛瓦拉，上主 |
| | Sahasrabahu (11.46) 沙哈虛若巴護，傳奇戰士 | Kala (11.32) 卡拉，時間 |
| | Vishnu (10.21) 毗濕奴，印度三相神之一，主掌宇宙的維護 | Mahatma (11.12) 瑪哈特瑪，偉大的靈魂 |
| | Visvamurti (11.46) 毗濕瓦穆爾提，以各種形式存在 | Mahayogeshvara (11.9) 瑪哈瑜伽依虛瓦拉，偉大的瑜伽控制者 |
| | Visvarupa (11.16) 毗濕瓦如帕，宇宙全能形相 | Parameshvara (11.3) 帕讓美虛瓦拉，無上的控制者 |
| | Visvesvara (11.16) 毗濕瓦維拉，宇宙的主人 | Prabhu (9.18) 菩拉布，主人 |
| | Yajna (3.9, 4.23) 雅格亞，毗濕奴的化身之一、火祭的主人 | Prajapati (3.10) 菩拉佳帕提，眾生的父親 |
| | | Prapitamaha (11.39) 菩拉匹塔瑪哈，祖先 |
| | | Ugrarupa (11.31) 烏格拉如帕，相貌可怕的 |
| | | Yogesvara (11.4) 瑜伽依虛瓦拉，瑜伽的控制者 |
| | | Yogi (10.17) 瑜伽師 |

今日的我們無法想像沒有乳牛、牧童、牧牛姑娘（gopikas）們陪伴的奎師那。然而，有關祂童年時期在牧民部落間成長的傳說，是在《摩訶婆羅多》、《薄伽梵歌》成書之後，直到第四世紀的《哈里傳承》（*Harivamsa*）、第五世紀的《毗濕奴往世書》（*Vishnu Purana*）、第十世紀的《薄伽梵往世書》——才出現詳盡的文字記載——稱為《聖典薄伽瓦譚》（*Shreemad Bhagavatam*），或簡稱《薄伽瓦譚》。最後，是詩人佳亞戴瓦（Jayadeva）於第十二世紀所寫的《戈文達之歌》（*Gita Govinda*），這讓我們得以認識蘭妲。

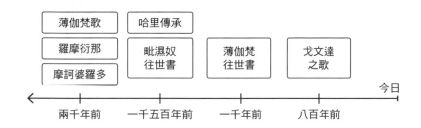

▼歷史時間軸上的《薄伽瓦譚》

## 經典裡的奉愛傳說

《哈里傳承》特別強調了奎師那的父母親——牧牛的南達（Nanda）和雅修達（Yashoda），以及祂與牧牛姑娘們的祕密戀情，書裡面還提及「環形舞蹈隊形」（rasa-mandala）。但是在這裡，奎師那並不專屬於任何一位牧牛姑娘，而是與所有人共舞。在幾個世紀後寫成的《戈文達之歌》中，蘭妲出現了，並要求奎師那只關注著自己。而在這兩本書中，奎師那最終都離開了牧民部落，搬到了馬圖拉城，之後又參與了《摩訶婆羅多》中所描述的諸多事

件。隨後有許多印度各地的著作把這個牧牛童奎師那、雅修達之子、蘭妲的愛侶，深深銘刻在印度人的心版上。整體說來，這些全部可統稱爲「奉愛傳說」。無論從歷史時間軸、敘事角度或從心理角度來講，《薄伽瓦譚》都位於《羅摩衍那》和《摩訶婆羅多》之間。

▼ 敘事時間軸上的《薄伽瓦譚》

不同於《羅摩衍那》和《摩訶婆羅多》非常關注男性對權力和財產的焦慮，《薄伽瓦譚》的焦點則擺在女性對於被遺棄和情愛的焦慮。焦慮源自於我們對生存的欲望，在自然界，因渴求生存而帶來了性行爲與暴力，但是，隱士透過守貞與非暴力的修鍊，想要完全放棄性行爲與暴力，以期擺脫一切焦慮。在家居士的傳統是想透過對婚姻和財產的諸多規則來調整性行爲和暴力，從而將焦慮降至最低。《羅摩衍那》對這一點有詳細說明，《摩訶婆羅多》揭示如何用聰明的邏輯來操縱規則，以及這樣做會如何讓我們脫離法性之道，《薄伽瓦譚》則詳細闡述了諸多規則、性行爲和暴力背後的各種情感，並將情感置於規則之上。若說佛教講的是「規避欲望以脫離苦難」，《羅摩衍那》和《摩訶婆羅多》講的是「用責任來調控欲望」，那麼《薄伽瓦譚》就是在讓「欲望有資格去愛」。

《薄伽瓦譚》在奉獻者與神之間建立了一條情感的高速公路，

將知識性與務實性的吠陀式對話（奧義書）轉變成熱情洋溢的崇拜。在這裡，生命體可以像母親雅修達一樣，成為「神」（param，超靈、神聖他者）的父母。在這裡，生命體也可以是情人，就像是那些傾慕「神」的牧牛姑娘們一樣。蘭妲出現時，她甚至把她深愛著的「神」轉化為傾慕她的人。《薄伽瓦譚》的種子可以追溯到《薄伽梵歌》本身。

> 阿周那啊，我接受我的奉獻者以愛心供奉的一片葉、一
> 朵花、水果或水。
> ——《薄伽梵歌》第九章第二十六節（意譯）

在這裡，奉獻者應該會像小猴兒緊貼著母親那樣地親近神像，並主動積極地進行奉愛服務。在其他詩句中，奉獻者在從事奉愛服務時，則應該採取被動，就像小貓全然相信母親會照顧自己一樣。

> 阿周那啊，放棄你所做的一切，並對我充滿信心。我
> 會讓你擺脫一切束縛。別擔心。
> ——《薄伽梵歌》第十八章第六十六節（意譯）

母貓和母猴

在這兩種情況下，神都被置於神壇之上：神是父母，也是救主。在《羅摩衍那》中，悉多毫不懷疑羅摩會找到方法把自己從拉瓦納強大的魔掌中解救出來。在《摩訶婆羅多》中，當德羅波蒂的丈夫們都無法保護她時，她便轉而求助於奎師那，保護自己不至於在俱盧族的手上被當眾剝除衣物。奉獻者與神像之間的情感交流是單行道：奉獻者依賴著神，神並不依賴奉獻者。

> 阿周那啊，我知道過去存在的人現在也存在，將來依然
> 會存在。但是沒有人知道我。
> ——《薄伽梵歌》第七章第二十六節（意譯）

但是，《羅摩衍那》和《摩訶婆羅多》都有殘缺、不圓滿。《羅摩衍那》到了最後是羅摩拋棄了悉多。雖然悉多並沒有犯下任何過錯，但只是因為成了街頭巷議的箭靶就被趕出皇宮，被迫在森林裡自生自滅。《摩訶婆羅多》到了最後，奎師那成全德羅波蒂的復仇之心，讓所有俱盧族及其手下大將全數被殲滅，但是報仇也是要付出代價的，德羅波蒂的五個兒子全都戰死了，生命體感到被遺棄了，這是救世主沒做好嗎？

「奉獻者」的傳統則讓這類對話得以繼續發展。單向的情感高速公路變成雙向的，不僅止於交換，還帶來轉變。「奉獻者」轉動了平衡的力道。

## 奉愛學說的發展

在《薄伽梵歌》之後的一千年中，「奉愛」學說多有發展，並發展出兩條截然不同的路線：基於服從、守貞和自制的男性路線，

其具體實例是哈努曼；另一條則是基於情感、感官滿足和需求的女性路線，其具體實例是雅修達與蘭妲。男性路線受到印度教修院體系的青睞，女性路線則為「寺廟舞者」（devadasis）所喜，她們以表演藝術連結群眾與神。

我們可以說，根植於守貞的男性路線就是「韋丹塔」（Vedanta）路線，而以享受為基礎的女性路線則是「譚崔」路線。從第七世紀開始，奉愛傳統就出現了這兩種不同分支的思想。之所以發生這種情況，是因為佛教隱士和印度教在家居士之間，以前的區分已不復存在。印度教在家居士開始沿用素食主義等隱士的修鍊方法，而印度教的隱士則開始以歌舞來向大眾傳播，這些歌舞的修鍊方法以前只有在家居士在做。

更重要的是，知識傳遞不再是由上而下。知識不再只能從執行儀式的祭司、馳騁沙場並擁有土地的國王而來，即使是那些領著牛群，浪跡大漠尋找青草地的牧民也會有新觀念，而新觀念可以由下而上發展。在新的論述中，神不是人得要去順從的封建君主，神也是一個百姓，祂也尋求情愛，也以情意回報對方。更容易親近人們的哈努曼奪去了遙遠的羅摩的光彩。牧牛姑娘們的摯愛——牧牛童奎師那，其重要性遠遠超過以雅達瓦族（Yadavas）的守護者、般度族的導師這樣的身分出現的奎師那。

### ▼ 男性的順從和女性的情愛

| 男性 | 成就 | 順從 |
|---|---|---|
| 女性 | 拋棄 | 情愛 |
| | 焦慮 | 舒適 |

在我們還沒開始思考奎師那少年時光裡的女性角色之前，祂的故事看起來很像是在希臘史詩中會看到的情節。這段傳奇始於一個預言——馬圖拉的獨裁者剛沙王會被他自己的外甥殺死，也就是他姐姐提婆姬（Devaki）的第八個兒子。剛沙王把提婆姬夫婦監禁起來，並殺死她所生的兒子們。提婆姬的丈夫瓦蘇德瓦（Vasudeva）為了挽救第八個孩子，便帶著新生嬰兒越過了亞穆納河（Yamuna），前往戈庫爾（Gokul）的牧民村交換嬰兒，把當晚在村子裡出生的女嬰帶回去。多年後，奎師那返回馬圖拉並殺死剛沙王後，祂的真實身分才得以揭曉。但是，許多人仍然稱呼祂為牧牛人之子，語帶貶抑，這是在強調社會階級的出身。但是，對於羅摩而言是如此重要的皇族姓氏和榮譽，奎師那則並不那麼看重，祂發現了更為深刻的東西——愛——可以克服所有焦慮。

奎師那把這個發現歸功於戈庫爾和溫達文（Vrinda-vana）的牧牛姑娘們。雖然奎師那不是她們親生的，但是她們一起把奎師那當成是親生兒子那樣撫養長大，給予祂無窮盡的慈愛，放任祂惡作劇，忍受祂調皮搗蛋，在祂犯錯時責備祂，並像母親那樣疼愛祂。這就是父母之愛，雅修達便是體現這種精神的一個例子。

奎師那和雅修達

當奎師那長到少年時期，與牧牛姑娘們的關係發生了變化。祂不再惡作劇，而是開始談情說愛。祂不再是牧童，而是長成翩翩美少年。現在，牧牛姑娘們在晚上全家入睡後，便會靜悄悄地溜出家門，走進森林，拋掉羞怯，在奎師那身旁圍成一圈起舞，站在中央的奎師那吹起

笛子，曲聲動人。他們的關係中有激烈的不和、要求、分離和團圓。奎師那不是她們的兄弟、父親、兒子或丈夫。他們的關係不是受法律或傳統制定的關係。然而，在奎師那的陪伴下，她們有安全感、生機勃發，這是從內在一湧而出的關係，不是從外面強迫成立的關係。一切都是真實而私密的，因為這超越了一般大眾的理解範圍。這種愛是由甜美浪漫的情感、結合的情感乃至離別的情感所引發，蘭妲便是體現這種愛的實際一例。

奎師那要離開溫達文村子前往馬圖拉城之前，曾經承諾一定會回去，後來卻不能遵守諾言。奎師那派他的朋友烏達瓦（Uddhava）通知村民們自己決定要留在城裡，並安慰傷心欲絕的牧牛姑娘們。烏達瓦安撫她們的話，在心態上是明智的，在精神上則是修行的。他談到了世間事物的無常本質，以及放下的重要性。蘭妲則是微笑以待——受苦、受難和被拋棄，這些她都不害怕。實際上，她從中品嘗出滋味來，這些反而讓她能更加想念奎師那。「祂是黑蜂，從一朵花飛到另一朵，而我則是那朵不能離開樹的花。祂將我轉化，讓我能長成果實，內含愛的種子。」

奎師那和蘭妲

在戈庫爾和溫達文那些被拋棄的女人，無論是母親雅修達，還是情人蘭妲，都展現出《羅摩衍那》和《摩訶婆羅多》裡那些被拋棄的女人所沒有的特性——愛，而不是憤怒。她們不批判奎師那，不期待祂來請求寬恕，因

為沒有什麼需要原諒的。她們對奎師那的志氣、衝動和冒險並沒有心懷怨懟。她們不期待祂會回頭。她們接受大自然的本質：天下無不散的筵席、一切都在變化之中。她們希望自己心愛的人繼續祂的外在旅程，就像對祂的愛，也激發著自己進行內在旅程一樣。她們不再依賴奎師那，但是她們將會是奎師那永遠的依靠。

牧牛姑娘這種態度對奎師那產生了巨大的影響。神並不是什麼事情都要講求無限，而是要讓有限的人擁有空間，儘管他們都有缺點，也會包容，就像有智慧的父母會允許孩子有成長的空間，並且讓他們可以走自己的路。奎師那為了表示自己對戈庫爾的牧牛姑娘非常感激，所以儘管是男兒身，祂總是展示出十足女性化的姿勢，亦即「三折肢」（tri-bhanga），這使祂成為了毗濕奴來到地球的圓滿化身（purna-avatar）。

## 擴展心念與縮小自己

在《薄伽梵往世書》中，有一則雅修達發現幼兒時期的奎師那在吃泥巴的故事。雅修達責罵祂，強迫祂張開嘴以便把泥土清洗乾淨。但是在奎師那的嘴裡，她看到了整個宇宙的景象，就像阿周那在《薄伽梵歌》第十一章中所看到的那樣。雅修達嚇壞了，有那麼一時半刻，她意識到自己的孩子是那麼神奇，不過，她接著便又開始盡母親的職責，給奎師那洗澡、餵食、教育，鄰居跑來抱怨奎師那又惡作劇時，她便責罵祂，在奎師那不聽話時，甚至還會懲罰祂。奎師那或許是神，但雅修達是祂的媽媽。為了雅修達的緣故，神成了一個孩子。為了神的緣故，奉獻者成為了母親。

瑜伽可以擴大我們的心念，但是「愛」命令我們縮小自己，以免我們的愛人感到不足或自卑。有意識地縮小自己的神性，這就是

無限的薄伽梵要以有限的化身降落在地球上的原因，就像羅摩和奎師那那樣，為了祂的奉獻者的益處而去經歷死亡。在第十一章中，阿周那想看到奎師那的宇宙形相。這個念頭讓好奇的孩子感到興奮。

> 奎師那啊，我已詳細了解了這個世界的偉大本質，以及事物如何合攏與開展。我很好奇，想看到你所描述的神聖形相。如果你認為我受得起的話，請為我展示。
> ——《薄伽梵歌》第十一章第二至四節（意譯）

但是，奎師那展現出祂的形相時，其莊嚴最終還是嚇到了阿周那，因為他突然意識到自己在宇宙全景裡是多麼微不足道。

> 奎師那啊，我很高興看到你的祕密形相，但這嚇壞了我。請返回你原本的形相。
> ——《薄伽梵歌》第十一章第四十五節（意譯）

千臂之神再次變回兩臂的朋友和戰車御者。若說是哈努曼對羅摩的奉愛之情，讓他得以擴展而成為了薄伽梵，那麼正是奎師那對阿周那的珍惜之情，讓祂縮小自己而成為化身。祂就像是母親一樣，在玩捉迷藏遊戲時假裝看不見孩子。儘管祂自己是無限的，但祂服從於祂身邊人們所知的有限的真理，這就是神（父母）與奉獻者（孩子）所玩的遊戲（逍遙時光）。薄伽梵「縮小自己成為化身」（avatarana）的目的是要提升奉獻者，因為薄伽梵可以看到真實的所有部分，而且可以讓祂的奉獻者的領悟超越自己那部分的真實，看見更多的角度。

▼擴展與縮小

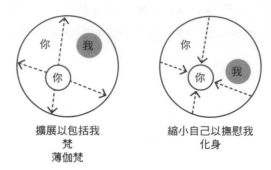

擴展以包括我
梵
薄伽梵

縮小自己以撫慰我
化身

　　羅摩提升了哈努曼，可奎師那知道阿周那並不具備哈努曼那樣的資質與能力，但是，祂也不會讓阿周那自覺渺小，就像對待雅修達和蘭妲那樣，祂從不批判般度族，也從未讓他們因賭輸、失去江山而感到內疚。祂只是讓他們做好準備，面對自己行動的後果。

　　「看見對方」讓我們能夠坦然接受他們的不足，這不會讓他們小看了自己，也不會讓他們變得無依無靠，這只會讓他們有別於過往。學生不好好學習是因為他沒有那種資質，或者因為他沒有那個意願，或者因為他沒有各種資源。一個有智慧的老師不會因為這些就不高興，因為他知道教學是為了學生的利益，而不是要壯大自己。他無法掌握學生的業力；他只能專注於自己火祭的娑婆訶，好好種下行動的業種，而不是想辦法去掌控行動後結成的業果。

　　同樣地，有智慧的人也不會與一個比較沒學問的人爭辯。有智慧的人知道何時該擴展，何時該縮小自己，何時給予，何時獲取。能夠看見他者的有限之處，使他自己洞察人類情況，並進一步提升意識。透過服從真理，主祭者體驗到梵。

　　隱士不想進行火祭。救世主只是捐助者（主祭者）。但是情人既是捐助者，也是受益者（神眾）。在《薄伽梵歌》中，奎師那說

祂自己正是投入祭火之中的祭品。

> 阿周那啊，我是給孩子的食物、給成人的交換、給死
> 者的供品、給病者的藥物，我是吟誦聖歌、酥油、祭
> 火與獻酒。
>
> ——《薄伽梵歌》第九章第十六節（意譯）

不過，在另一節經文中，奎師那成為成果的接受者。

> 阿周那啊，對其他神眾的愛心供奉最終也是來到我面
> 前。我是所有獻酒的接受者。大多數人認不得我，所
> 以步履蹣跚。
>
> ——《薄伽梵歌》第九章第二十三和二十四節（意譯）

### 蘭妲的奉愛

羅摩或許是受壓迫者的救世主，堅忍不拔地負起對王室的責任，接受夫妻之間的不圓滿，但奎師那也是個情人。祂給予，也接受。沒有了「蘭妲」，祂是不完整的。在「蘭妲的奉愛」之情底下，「生命體」會在森林裡尋找「超靈」，並圍繞著祂起舞，而且奎師那也對她有情有意，祂會充滿愛戀地呼喊著「蘭妲啊！蘭妲啊！」悉多與羅摩因社會禮教而分隔兩地，在對彼此的思念中傷心欲絕；而奎師那與蘭妲雖然也是繼續各自的生活，但是奎師那始終心懷蘭妲，而蘭妲也未曾忘記奎師那。對奎師那來說，祂在戈庫爾的時間雖然短暫，但是對蘭妲的愛則綿綿無盡。

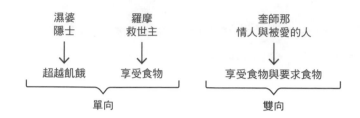

▼隱士、救世主、情人的差別

| 濕婆 隱士 | 羅摩 救世主 | 奎師那 情人與被愛的人 |
|---|---|---|
| 超越飢餓 | 享受食物 | 享受食物與要求食物 |
| 單向 | | 雙向 |

　　然而，蘭妲卻是被排除在許多奎師那－巴克提（Krishna-bhakti〔對奎師那的奉愛〕）傳統之外的，例如阿薩姆邦的尚卡戴夫（Shankardev）和馬哈拉什特拉邦查克拉德‧斯瓦米（Chakradhara Swami）的「瑪哈努巴福」（Mahanubhav Panth〔印度教教派〕）。在恆河平原以外供奉奎師那的大廟，如在普里（Puri）、潘達爾普爾（Pandharpur）、烏杜皮（Udupi）、古魯瓦約奧爾（Guruvayur）、納特德瓦拉（Nathdwara）等地的廟，絕大多數都沒有蘭妲的神像。蘭妲毫不遮掩她的情愛，加上她建立親密關係的方式很像譚崔，所以，她並未得到大眾普遍接受，尤其是有人暗指蘭妲年紀較大，而且是奎師那的姑姑（有一說她是南達大君的妹妹，另一說則是她嫁給雅修達的兄弟），這些隱喻都在證明他們之間的愛是不見容於這個社會的，而且也在磨滅這份情感連結的真實性。《薄伽梵往世書》裡的無名牧牛姑娘們則較為人們喜愛，因為她們的「純粹之愛」不受情欲污染而被視為純淨的。否則，整部《薄伽梵往世書》傳說就全都由雅修達占去主要地位，因為她所表現的母愛不會像蘭妲之愛那樣令人感到不安。

　　幾個世紀以來，印度教廟宇裡的「寺廟舞者」們唱誦著《戈文達之歌》，內容是描述奎師那與蘭妲的強烈情感，從夜色下的村外林間祕密地流淌而出。二十世紀初，「寺廟舞者」因為當時的社會

情況導致被視爲妓女而噤聲。之後世人比較重視的是印度教的修行體系；而此體系較爲看重的是守貞的哈努曼，以及《薄伽梵歌》。

### ▼奉愛文學的轉變

| 摩訶婆羅多 | 薄伽瓦譚 | 戈文達之歌 |
|---|---|---|
| 男性的 | 女性的 | 情愛和踰矩 |

《薄伽梵歌》說的「奉愛」即爲「奉獻」，神所占據的是較高的位置，奉獻者則順服於祂。但是，在第十八章第六十五節詩中，祂確實稱呼阿周那爲「我非常親愛的人」（priyo-si-me），顯示出神對他的愛。《戈文達之歌》則抹去了階級制度，將「奉獻」轉變成「情愛」。書裡，奎師那乞求蘭姐把腳放在奎師那自己的頭上，以治癒祂所中的思慕之毒。據說，作者佳亞戴瓦本人本來猶豫著要不要寫下這句話，但奎師那替他寫了下來，也因此彰顯了愛的力量。

有時候，你看到的比我更多，
但卻裝作知道得比較少，
讓我不會因為你的緣故而心生膽怯。
我也是這般為你著想。
當對方脆弱時，我們不感覺自己優越；
當我們無助時，也不會自卑。
這就是我們的關係得以維持下去的原因。

## 第十三章

# 無奈

## 我們取決於天生物質屬性的
## 資質與能力

隨著心念擴展，你我就會承認我們對這世界的控制，真的有多無奈，又有多麼地受限制了。我們也會發現每一個生物都控制不了自身的資質與能力，這些全都取決於天生的「物質屬性」，而「物質屬性」也是由業力決定。我們會漸漸明白，我們並不是能夠改變世界的英雄，只不過是這個變化萬千的世界手上的工具而已。

在本章中，我們將探討「物質三重屬性」。從這裡開始，隨著我們了解到在選擇行動方案時，「不安全感」和「認同假我」所扮演的角色，我們便已從「奉愛瑜伽」轉向「知識瑜伽」。所以在此之後，這場對話會變得沒那麼多關於情感的字句，而是較具有知識性了。奎師那在《薄伽梵歌》的第十四、十七和十八章中詳細介紹了「物質屬性」。

在第三章中，阿周那談到了無法控制心念的問題。

> 奎師那啊，雖說不願意，但為何人要行惡？
> ——《薄伽梵歌》第三章第三十六節（意譯）

阿周那或許是想到了他的長兄——正直的堅戰把持不住而參與了賭局，最後輸掉了他們的王國、他四個弟弟、他們的妻子德羅波蒂，甚至於連他自己都賠了進去。又或許，阿周那是想到二哥，力大無窮的怖軍，他無法控制自己，以至於殺死了想要虐待德羅波蒂的空竹（Kichaka）——當時他們偽裝成僕人躲藏在毗羅吒（Virata）宮殿，儘管大哥堅戰已明確指示，無論發生什麼事都不能暴露自己的身分，因為如果在規定期限結束之前被指認出來，他們將被迫再次放逐十三年。又或許，阿周那想到的是他的叔公毗濕摩和師父德羅納，為什麼要站在俱盧族那邊為他們而戰。奎師那把這種無能為力的狀況歸因於「物質屬性」。

> 阿周那啊，你可以自以為是地宣布你不想作戰，但你的
> 物質屬性將粉碎一切決心，迫使你去作戰。
> ——《薄伽梵歌》第十八章第五十九和六十節（意譯）

奎師那早在《薄伽梵歌》第二章的論述中就提到了「物質屬性」，但直到後來的第十四、十七和十八章才對這一要點詳細闡述。在這之間，祂帶著阿周那繞道前行——先找到「體內永生者」這神聖本質的內在旅程。探索位於《薄伽梵歌》中心六個章節的「薄伽梵」與「奉愛」，已清楚認可「情感」在認知當中所扮演的角色。除非「心」有安全感，否則「頭腦」將無法接受「看見」所揭

示的真實,亦即人類在「大自然的力量」面前是無依無靠的,「業力」決定了我們的人生際遇,而「物質屬性」決定了我們周圍的人的個性。我們最多只能理解到有上述這些情況存在,但是我們無法控制它們。企圖想去控制只會造成無可避免的後果,而且往往都是可怕的後果,這些都是生生世世、世世代代纏住我們的困局。

> 阿周那啊,心念和物質一直存在,並且因為有物質屬性,所有存在的一切形相開始出現。
> ——《薄伽梵歌》第十三章第十九節(意譯)

「看見」所揭示的是,雖然人類由欲望驅動,動物由恐懼驅動,植物由飢餓驅動,但是最終能顯化為真實的,是由構成每個生物的「物質屬性」所決定的。即使是沒有內外在驅動力,沒有飢餓或恐懼,物質元素和礦物質也會因物質屬性而不斷變化。即使環境中沒有生命力存在,雲層還是會擴張、溫度會變化、江河傾瀉、火山爆發、日升日落、潮起潮落、風吹雨打,這些現象的背後都是有「物質屬性」在驅動著。「物質屬性」是大自然的本質,是其多樣性和動能的根源。身體裡面的「靈性個體」(靈)觀察著「物質屬性」的舞動。

> 阿周那啊,真正的智者可以看到,永不停歇的物質能量才是動力,而不是在體內永生的那一位,但是所有不同生命形式都依賴著那一位,並且是從那一位發散而出的。
> ——《薄伽梵歌》第十三章第二十九和三十節(意譯)

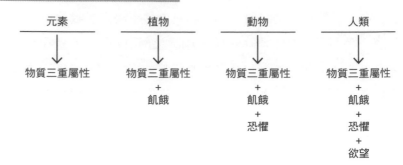

▼物質屬性是一切行動的基礎

| 元素 | 植物 | 動物 | 人類 |
|---|---|---|---|
| ↓ | ↓ | ↓ | ↓ |
| 物質三重屬性 | 物質三重屬性<br>+<br>飢餓 | 物質三重屬性<br>+<br>飢餓<br>+<br>恐懼 | 物質三重屬性<br>+<br>飢餓<br>+<br>恐懼<br>+<br>欲望 |

## 物質三重屬性

物質屬性有三種，稱為「物質三重屬性」（tri-guna）——愚昧（tamas）、激情（rajas）和善良（sattva）。惰性的傾向來自「愚昧屬性」，活動的傾向來自「激情屬性」，平衡的傾向來自「善良屬性」。這「三重物質屬性」彼此相依共存，就像波浪的三個階段：愚昧屬性是往下走到波谷的運動，激情屬性是往上走到波峰的運動，善良屬性是平衡狀態，是維持住平衡而暫時不動的那個點。

▼從波浪型態來看物質三重屬性

在元素之中，愚昧屬性占主導地位，這就是為什麼各種元素除非受到外力作用（熱力學第一定律），否則都有惰性的傾向。在植物和動物中，激情屬性占主導地位，這就是為什麼動植物會成長，

也會去克服飢餓和恐懼的問題以求生存。在人類之中，善良屬性占主導地位，這就是為什麼只有人類才會信任並照顧陌生人，有同理心，並可交流。但這並不意味著所有人類都是由善良屬性主導，與動物、植物和礦物質相比，人類具有很強的善良屬性成分，但在人類之中，物質三重屬性的分布情形也是有差別的。

> 阿周那啊，善良屬性從全身各處的城門散發出光芒時，就有幸福與理解。激情屬性散發光芒時，就會有貪婪、躁動和情欲。愚昧屬性散發光芒時，會有混亂和懶惰。在死亡之時，如果是善良屬性主導，則會重新投生在充滿幸福和知識的地方；如果是激情屬性主導，則會重新投生在充滿行動的地方；如果是愚昧屬性主導，則會重新投生在迷失、崩壞的地方。善良屬性生出知識，激情屬性帶來欲望，愚昧屬性產生無知。
> ——《薄伽梵歌》第十四章第十一至十七節（意譯）

「物質屬性」影響的不僅僅是物質，它也會影響心念，因此，思想和情感也會表現出這三種傾向。所以，有些人是懶惰的追隨者，有些人是渴望改變世界的奮發領導者，有些人知道何時該跟隨，而何時則該領導，也知道科技所改變的只是這個世界的表面，但本質上、心理層面上是不會改變的。愚昧屬性不讓我們去思考，所以我們隨波逐流。激情屬性讓我們除了自己，誰也不信任。許多人因為這個多樣化且變動不居的世界所呈現出來的現實而感到驚恐、膽怯，善良屬性讓我們去關心他們。

人一生中的不同階段也由不同的物質屬性來主導。跟隨成年父母生活的幼童階段由愚昧屬性支配；在青少年充滿懷疑、渴求獨

立、精力充沛、努力想走出自己的路這個階段，主導的則是激情屬性；在成熟的成人身上居於主導地位的是善良屬性，他們了解何時應保持沉默、何時應開口說話、何時該追隨、何時又該挺身而出，領導群眾。

我們可以從字面或隱喻來理解物質屬性。物質屬性解釋了大自然、生態系統、植物、動物和人類的多樣性，也解釋了每一個生物在其生命各個階段所表現出來的多樣性。當我們無意識或本能地做出反應、不自覺或無法控制自己的衝動時，我們就是受到自己的物質屬性操控。物質屬性造成業力，業力也產生物質屬性。如此一來，便創造了這個不停流動的物質世界，亦即我們所存在的這塊錯綜複雜的生命畫布。

阿周那啊，無論是在地球或天堂誕生，沒有人不受物質
三重屬性的影響。
——《薄伽梵歌》第十八章第四十節（意譯）

## 物質屬性的內在與外在表現

第十七章告訴我們物質，三重屬性會透過外在活動表現出來。這些活動包括信仰、食物、火祭、苦行和布施。愚昧屬性的傾向是懶惰和困惑，因此會模仿他人；激情屬性的傾向是達成、支配和打動別人，因此會用主動進取的行動來對待他人；善良屬性的傾向是理解和幸福，因此會以溫柔和關愛對待他人。

阿周那啊，每個人的信仰都與他們的物質屬性相符。相

信什麼，自己就是什麼。善良屬性的人崇拜給予者；激情屬性的人崇拜囤積者和掠奪者；愚昧屬性的人崇拜鬼魂。「崇拜」不一定是以經典為本，也可以是為了擴張自我、虛偽和情欲而需承受的巨大苦行與折磨。我們喜歡的食物也有不同。做祭祀、修苦行或布施的理由也各不相同。

——《薄伽梵歌》第十七章第四至七節（意譯）

第十八章更進一步探討這些內容，甚至將我們存在的內在層面加以分類，包括知識、活動、個性、智力、意志力、幸福都有物質屬性的三種不同表現。在每一層面上，愚昧屬性的活動都是倒退走，而且沒有思想，激情屬性的活動都是只顧自己的向前衝，而善良屬性的活動則或前或後，調度適當，甚至也會考慮他人。

阿周那啊，愚昧屬性的人因受別人欺騙而放棄行動；激情屬性的人因恐懼而放棄行動；善良屬性的人永不放棄行動，他不追求行動的成果，既不討厭令他不適的職責行動，也不因職責令人愉悅就依戀難捨。

——《薄伽梵歌》第十八章第七至十節（意譯）

▼內在與外在的物質三重屬性

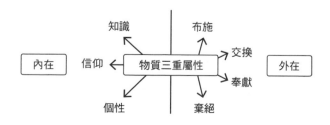

在第十八章中，奎師那將人類的傾向與天賦資質歸因於物質三重屬性。

> 阿周那啊，正是這些屬性創造了四種資質：學術、領導、創業、服務。
> ——《薄伽梵歌》第十八章第四十一至四十四節（意譯）

我們的天賦資質來自我們的物質屬性，這並不是說每一項天賦都可以對應到某個特定的物質屬性，也不是說學術上的天賦就是從善良屬性而來，或說領導、創業的天賦就是從激情屬性而來，當然也不是說服務的天賦就是從愚昧屬性而來。這個意思是，物質三重屬性各以不同的比例體現為學術、領導、創業、服務上的天賦資質，我們會發現受善良、激情、愚昧屬性支配的學者，也會找到受善良、激情、愚昧屬性支配的領導者，自然也會有受善良、激情、愚昧屬性支配的創業家，以及受善良、激情、愚昧屬性支配的服務人員。

▼各種天賦資質與物質屬性對照圖

傾向（物質屬性）

| 天賦資質 | | 愚昧屬性 | 激情屬性 | 善良屬性 |
|---|---|---|---|---|
| | 知識性 | ✓ | ✓ | ✓ |
| | 管理性 | ✓ | ✓ | ✓ |
| | 創業性 | ✓ | ✓ | ✓ |
| | 提供服務者 | ✓ | ✓ | ✓ |

## 讓世界穩定、容易預測的「規則」

從大約兩千年前開始，印度社會開始對「流動性」感到不安，並且強烈希望用規則來解決這個問題。遺傳學研究顯示，印度惡名昭彰的「種姓制度」本來是各種職業的同業公會，但從那時起就變得愈來愈嚴格僵化，當時正是《摩奴法論》(*Manu Smriti*)和其他類似書籍問世的時候，這些書籍將「法性」簡化爲一套規則和傳統。這些規則的用意在於提高可預測性，因此，比起人的資質才華，性別和血統就更爲當時的人所看重。社群(jati〔闍提〕)形成後，人們開始從事某種特殊職業，並堅持兒子接替父親的工作，而且也不把女兒嫁到社群以外的地方，從而維持他們的保真度。《摩奴法論》把這些社群對應到各種天賦，因此便規定祭司的子女將成爲學者，國王的子女將成爲領導人，商人的子女將成爲創業家，而僕人的子女將從事服務業。尤有甚者，這些天賦也被對應到物質屬性之上，因此就說婆羅門社群對應到善良屬性，刹帝利社群和商人社群對應到激情屬性，而奴僕社群對應到愚昧屬性。

《摩奴法論》和其他類似的法典都是有偏見與政治意圖的，並不符合事實，因爲每個社群都有這三種不同屬性的成員。而且，每個社群裡，都有人會思考，有人會去把事情做好，有人會去做計算的工作，也有人會跟隨。《摩奴法論》所顯示的是人類的企圖，想要控制世界，並藉由強迫人們子承父業而讓世事變得容易預測些。這些都是在努力穩住一個不斷流動的世界，但根據《薄伽梵歌》的說法，這份努力注定是徒勞無功的。

例如《摩訶婆羅多》裡的迦爾納，他具備了弓箭戰士的天賦，其表現甚至遠超過社會要求他繼承父業而來的戰車御者這份工作。無論我們多麼努力要解決問題，物質屬性的能量都會打破一切界線

和規則，天賦的重要性永遠都會超過社群的看法。難敵欣賞迦爾納
的才華，但德羅波蒂、般度五子、毗濕摩、德羅納都排斥他，還
取笑他。難敵在迦爾納身上看到了機會，其他人則將他視為威脅。
他們全都不是瑜伽師，所以，他們要不是受迦爾納吸引，就是去排
斥、討厭他。儘管說起來合乎邏輯，但就是沒有人能跨越子承父業
和社群的界線，去看到迦爾納本人的、連他自己也阻擋不了的對箭
術的熱愛，因為這就是他的物質屬性的力量。

▼ 四個社群對應到物質屬性

|  | | 傾向（物質屬性） | |
|  | 愚昧屬性 | 激情屬性 | 善良屬性 |
| --- | --- | --- | --- |
| 婆羅門 | ✓ | ✓ | ✓ |
| 剎帝利 | ✓ | ✓ | ✓ |
| 商人吠舍 | ✓ | ✓ | ✓ |
| 奴僕首陀羅 | ✓ | ✓ | ✓ |

（四個社群分類）

　　同樣地，婚姻的規定旨在規範人類欲望，但是物質屬性會迫
使我們挑戰這些規則，因此，在《羅摩衍那》裡，持斧羅摩的母
親蕾奴卡（Renuka）雖然是已婚的身分，但還是想得到卡塔維亞
阿靖（Kartaviryarjuna），喬達摩族（Gautama）的妻子阿哈麗雅
（Ahalya）還是想得到天帝因陀羅，拉瓦納的妹妹蘇潘娜卡還是想
得到羅摩。結果，蕾奴卡遭到斬首，阿哈麗雅變成石頭，蘇潘娜
卡被割掉鼻子。這些殘酷的對待卻仍然阻擋不了物質屬性要按其路
線行進，物質屬性就是會不斷驅使人們做出連他們自己的心都不想
要做的事情。

批判型的人會將善良屬性視爲優等，而將愚昧屬性視爲劣等，但懂得觀察的人就知道，善良屬性之所以最令人嚮往，是因爲它的危險性最小，而愚昧屬性不那麼理想，則是因爲它沉重累贅，激情屬性十分亮眼，且誘惑人心，那是因爲它與志向決心有關，與坐待回應的善良屬性相比，激情屬性更能在事前主動予以回應。

　　觀察者也會把「善良屬性者」與「瑜伽師」區分開來──「善良屬性者」的平靜是天生的，不費吹灰之力就有的，而瑜伽師的平靜則是學習和努力的成果。瑜伽師會關注他者的心靈，這也是他與「善良屬性者」很大的分別之處。

> 阿周那啊，明智的觀察者在光明、活動或妄想出現時，並不厭憎；消失時，也不追尋。他知道這是物質屬性在作用，所以他對周圍的變化總是不爲所動，保持沉默無爲，平等看待苦樂、榮辱、泥土或黃金、被愛或不被愛、朋友或仇敵、讚美或指摘。
> ──《薄伽梵歌》第十四章第二十二至二十五節（意譯）

**▼對物質三重屬性的不同看法**

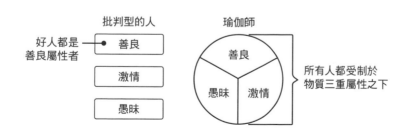

　　雖然奎師那簡要地把所有的欲望和憤怒都歸於激情屬性，把所有的惰性和迷惑都歸於愚昧屬性，把所有認眞負責的平衡觀點都視

為善良屬性。然而，我們在應用時，在說某某人事物是某種屬性的那一刻，我們並不是要去居功或自責，也不是要去稱讚或怪罪誰，換句話說，我們不去批判，如此，便能與「靈性個體」連結。我們一旦去批判，把物質屬性的作用力歸因於他人或自己，無論是幸或不幸，我們都會與「靈性個體」脫離連結，並引發「假我」造作。「假我」大盛之時，我們就不願去了解物質三重屬性的作用力，而是將自己的問題歸咎於他人。接著，如果我們是愚昧屬性者，就會去找領導者；如果我們是激情屬性者，就會去找追隨者；如果我們是善良屬性者，就會乾脆脫離社會。

> 阿周那啊，至尊主駐留在每個人的心中，以一種控制感
> 迷惑他們，同時讓他們像齒輪一樣在車輪中轉來轉去。
> ——《薄伽梵歌》第十八章第六十一節（意譯）

瑜伽師可以接受《羅摩衍那》裡的拉瓦納、《薄伽瓦譚》裡的剛沙王、《摩訶婆羅多》裡的難敵，這些人物的頑固執著都是因為有物質三重屬性在控制他們而產生的後果，這是連他們自己都無法控制的。若身為奉獻者，則應把他們的行為歸因於神的「逍遙時光」，這樣去思考才能化解火祭中不理想的部分，讓人比較容易接受，而不是乾脆把它們排除在外。

### ▼受制於物質三重屬性的人如何看待惡徒

| 威脅 | 愚昧屬性者 | 「別人怎麼做，我就怎麼做。」 |
|---|---|---|
| | 激情屬性者 | 「我要滅了他。」 |
| | 善良屬性者 | 「我要和他保持距離。」 |
| | 瑜伽師 | 「我要了解他的恐懼和渴望。」 |

我們每個人都是香料盒子，
裡面裝著物質三重屬性；
在不同的時間點，
由不同的屬性占據主導地位。
我們所有人都可能會懶惰、自信滿滿、
超脫棄絕，或理解參與。
瑜伽則讓我們覺察到有物質三重屬性的作用力存在。

## 第十四章

# 財產
## 來自於內在，
## 而非外在的真實身分

「物質屬性」決定了我們的身體和個性。「因果業報」決定了我們人生的際遇。然而，人類有力量，可以藉由創造和主張財產權——或稱「剎土」（kshetra）——以創造自己的身分認同。因為財產是看得見、可衡量的，所以社會上更看重的是財產的持有者，而不是體內的永生者。結果，「我的」就比「我」重要多了。人們的目光就從內在轉移到外在去了。

奎師那在《薄伽梵歌》第十三章先談到「財產」，之後才論及物質屬性；但本書則先介紹了物質屬性，再來才論述「財產」，因為這樣可以更順暢地導入之後各章，介紹「社會體」即「人體的人為擴張」這些概念，而且這種狀況只有人類社會才有。

## 作為「食物」的意義與價值

　　動物為求生存，需要知道彼此的身分：我周圍的動物是掠食者（會吃掉我嗎？）或是獵物（我可以吃掉牠嗎？）；是伴侶（我們可以一起繁衍出後代嗎？）或對手（牠會搶走我的食物或伴侶嗎？）。動物需要摸清楚對方的位置，這樣才能在食物鏈與權力排序中找到自己的相對位置。

　　人類可以不必擔心食物鏈和權力排序的問題，但是我們會想知道自己是誰、我們與周圍的人又有著什麼樣的關係？人生的目的是什麼？別人是怎麼評價我們的？

▼生命的目的

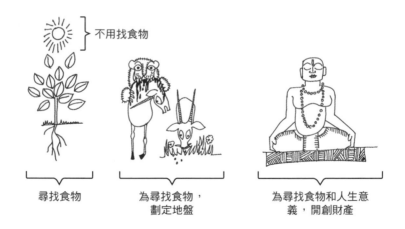

不用找食物

尋找食物　　　為尋找食物，　　　為尋找食物和人生意
　　　　　　　　劃定地盤　　　　　　義，開創財產

　　自然界中的東西只有在能被當作食物吃掉時才具有價值。太陽、雨水和土壤本來是毫無價值的；是因為有樹木出現了，樹木需要陽光、雨水和土壤作為食物，如此才具有價值。同樣的道理，在動物把植物當作是食物之前，植物也是沒有價值的。任何一個動

物在其他動物把牠們當作食物之前，也是沒有價值的。那麼，有誰會把人類當作是食物呢？人類可不可以不被吃掉而能具有價值？

**▼價值鏈＝食物鏈**

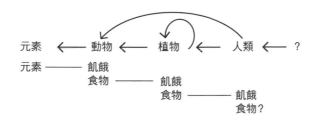

順著這些思路所發展出來的推測，便形成了《梨俱吠陀》的讚美詩《原人歌》（*Purusha Sukta*），其中談到了吃人的行為，另外《夜柔吠陀》的儀式中也有肢解人類及動物作為牲禮的部分。這些讚美詩和儀式都是在《薄伽梵歌》成書之前的一千年即已存在。這兩個部分都可以用字面上或隱喻的方式去理解，字面上的意思就是這些讚美詩與儀式均與「人祭」有關，這個想法恰恰合乎十九世紀歐洲的東方主義者的心意，也就是說，印度本來就多奇人異事，或所謂「高貴的野蠻人」。從隱喻的角度上來說，這些讚美詩與儀式是在引發人們相互賦予意義的能力，以及相互在情感、知識上滋養對方的能力。在《奧義書》中，將食物比喻成「意義與身分認同」（靈性個體）是很常見的。食物是所有生物都在追求的，而意義只有人類才能追求。在《薄伽梵歌》第十一章裡頭，當阿周那目睹了奎師那的宇宙形相正在大口吞食人類時，也是把這同樣的觀念給具象化了。

奎師那啊，我可以看到對方陣營和我們這邊的戰士們都

飛快地衝進您的嘴裡，被您的利牙碾碎，他們衝入您噴
火的大口就像急流入海。整個世界猶如飛蛾撲火，迅速
衝進您的嘴裡，直至毀滅。您用無可計數噴火的大口吞
噬一切世界。

　　——《薄伽梵歌》第十一章第二十六至三十節（意譯）

　　若按照字面意思去理解，這幅景象真的太過驚悚，因為奎師那
看起來好像是掠食者，而且簡直就是怪物。但是，阿周那除去了
批判的遮眼布後，便能理解這個比喻：奎師那是透過吞食般度族與
俱盧族來賦予他們價值。因此，延伸這個道理，就是祂在宣示，
是他們滋養了祂。阿周那領悟到自己是周圍人們的「食物」。他為
兄弟們、堂兄弟們，乃至整個世界帶來價值。他們也是他的「食
物」，他們滋養他，給予他價值和目的。這種吞食既是物質上的，
也是心理上的。退出這場戰事意味著否定其他人的意義。

**▼人類是食物示意圖**

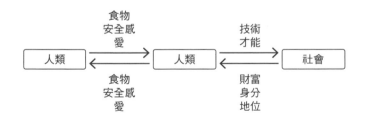

　　但是當奎師那吞食時，祂並不真的餓。祂宣稱自己是不朽的，
因此不懼怕死亡，也不需要食物。祂宣稱自己是無限的，因此祂不
會與他者分離——祂既是食用者，也是被食者。祂吞食，並不是因
為祂餓，而是為了讓對方感受到價值。祂也允許自己「被食用」來

滋養對方。換句話說，祂是一位瑜伽師，不從外在尋求意義；祂是從內在、從「靈性個體」獲得身分認同。

> 阿周那啊，我是儀式，我是交流、祭品、藥草、聖
> 歌、奶油、火，所有奉獻出來的一切。
> ——《薄伽梵歌》第四章第二十四節（意譯）

▼內在與外在的意義

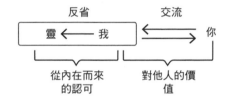

### 那羅延與那羅延營代表的意涵

俱盧之戰爆發前，般度族和俱盧族都曾向奎師那求助。奎師那就祂所擁有的一切，給了他們兩個選項：一個選項是可以擁有祂裝備精良的軍隊——「那羅延營」（Narayani），另一個選項是可以擁有祂手無寸鐵的本人——「那羅延」。俱盧族選擇的是「那羅延營」，而般度族選的是「那羅延」，亦即奎師那本人。「那羅延營」是奎師那全部的資源，「那羅延」則是祂本人而已。前者是有形、可測量的財產，可用期限甚至比人的壽命更為長久，因此，俱盧族選的是前者。

俱盧族的行為就像是往世書裡的阿修羅，他們比較喜歡的是梵天的恩賜，而不是梵天本人。俱盧族和阿修羅想要的都是物質上的

滋養，而不是情感上或知識上的滋養。他們要的是「祂的東西」而不是「祂本人」。

　　一般在執行火祭時，所交換的是「那羅延營」：「我的」變成了「你的」。如果這樣做是考量到神眾的飢餓與恐懼，那麼，主祭者便與神眾有了連結。如果主祭者只專注於他自己的飢餓與恐懼，那麼，這場火祭就僅僅是與神眾的交易，其中更具有價值的是「你所擁有的」，而不是「你本人」。

▼關係與交易示意圖

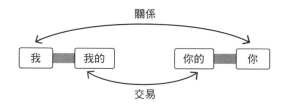

　　經濟學家重視的是被稱之為「財富」的「那羅延營」（資源）；教育學家重視的是被稱之為「知識」的「那羅延營」；政治家重視的是被稱之為「權力」的「那羅延營」；女權主義者重視的是被稱之為「性別」的「那羅延營」；雇主重視的是被稱之為「技術」的「那羅延營」；內外科醫生重視的是被稱之為「身體」的「那羅延營」。社會上一般對「那羅延」並不感興趣，「那羅延」就是「一個人的本質」：他的飢餓、恐懼或潛能。物質比思想更為重要，財產可以取代感情，因此，生活的目的已經變成要獲取愈來愈多的「那羅延營」。在《薄伽梵歌》第十三章便是以「剎土」一詞而提出「那羅延營」這樣的概念。

▼意義

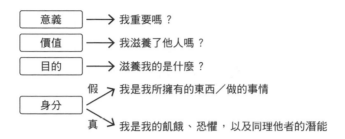

　　「剎土」字面上的意思是田地，是馴化大自然後所創造出來的人造空間。自然界中並沒有田地，是人類把森林開闢成田地，用來生產食物。他們劃定界線、砍掉樹木、清理土地、耕種土壤、播下種子、讓作物生長，並加以除草。農夫保護他的田地和農作，不遺餘力。因為這是農夫努力得來的，所以他聲稱自己擁有這塊田地的所有權：「這是我的」，其他人也承認：「這是你的」。就這樣，這塊田地成為他的財產，財產在身體和心理上滋養著他。從身體上講，這塊田給他食物，從心理上講，這塊田讓他具有農夫的身分。他感到被賦予了資格和權利。這份財產還可能讓他不朽，因為他可以把它遺贈給自己的家人，而家人也是他自己的人。

▼森林與農田的對照

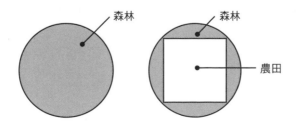

　　自然界中並沒有財產這種概念，動物會爭奪地盤以確保有足夠的食物供應，動物的地盤不會有繼承問題，總是會由最強的動物奪走。但是，人類的財產是可以繼承的，兒子從父親那裡獲得遺產、頭銜，以及所有連帶的財富、權力和地位。

　　《羅摩衍那》講到羅摩在森林流放期間，他的弟弟羅什曼沿著悉多皇后的小屋周圍畫線時，就是在公開地劃分出羅摩的「剎土」範圍。在「羅什曼線」（Lakshmana-rekha）的範圍之內，悉多是羅摩的妻子；在線外面，她就只是一名可任人宰割的女子。因此，「剎土」是一種人為的解釋，而不是自然現象。

**▼我和我的東西**

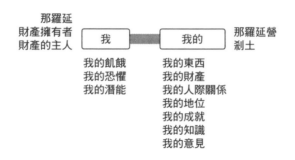

　　奎師那在第二章提到「身體」及「體內永生者」。他在第十三章則提及「財產」（kshetra）及「財產擁有者」（kshetragna），用來表達「財產擁有者」的還有另一個字，「財產的主人」（kshetri）。因為把「身體」的範圍擴張到包括「頭銜」和「財產」，所以「體內永生者」也轉而成為「財產擁有者」。

　　阿周那啊，明智的人知道身體是田地，而心念是耕種

這塊田地的農夫。這個身體，也就是你的田地，是由
五大元素所組建而成的肉體、由你對自己是誰的觀念、
你的智力、你的情感、由你的感覺器官、你的反應器
官、你的感官要吃的草地，以及所有會引起苦樂、喜
歡和討厭的東西所組成的。

——《薄伽梵歌》第十三章第一至六節（意譯）

## 人類的三種「體」

在奧義書中，「財產」被視為是「身體」的第三層，也是最
外層，又稱為社會層（karana-sharira，也稱作社會體），接著往
內是物質層（sthula-sharira，也稱作物質體），最裡面是精神層
（sukshma-sharira，也稱作精神體）。「社會體」是指在出生時繼承
或通過努力而獲得的財產；「物質體」是裝載美麗、技能和才幹的
容器，是在出生時便獲得的肉體；「精神體」包括我們所有的感
知、我們的感情和想法，最重要的是，我們認為自己是什麼。「精
神體」就是「體內永生者」、「財產擁有者」。當你的心念不再依
附在「財產」及「身體」之上，心念便會找到「靈性個體」。人死
後，屍體會被火化。真實的自己其實活在「財產」這個「剎土」的
背後。如果「體內永生者」、「財產擁有者」、「靈性個體」在「身
體」死亡之時，仍然依附著「身體」和「財產」，便會再次投生，
否則的話，便可以完全擺脫「重新投生、一再死亡」這種永無休止
的起伏風浪。

▼人類的三種「體」

| | 迦爾納 | 阿周那 |
|---|---|---|
| 精神體 | 有志氣的 | 不安全感 |
| 物質體 | 弓箭手 | 弓箭手 |
| 社會體 | 僕人 | 王子 |

　　根據《摩訶婆羅多》所述，阿周那和迦爾納都是才華洋溢的弓箭戰士。實際上，迦爾納出生之時，身體天生便穿戴著盔甲和耳環這樣的天堂神器，這些具有獨特優勢的配件有如他身體的一部分。但是，社會上對阿周那的敬重更甚於他，原因是阿周那的出身為俱盧皇族的王子，也是「象城」（Hastinapur）的合法繼承人，然而，迦爾納是戰車御者之子出身，即使後來因為箭術超群，得到難敵器重，受封為戰士，也成為統有領地的君王，一般人仍舊認為他略遜一籌。對社會大眾而言，「財產」要比「身體」更為重要，至於「體內永生者」，那就更沒有人在意了。

　　阿周那與迦爾納都是如此地看重外在，以至於兩人都沒有往內看到自己真正的身分。阿周那是從自己的才能（箭術）、所繼承的頭銜（般度王之子），以及他所經營的土地「天帝城」來認定自己的身分。迦爾納也是從自己的才能（箭術）中認定自己的身分，但他卻不願承認他所繼承的頭銜（戰車御者之子），而苦苦爭取新的頭銜（俱盧族大王子難敵的朋友）及領地（盎迦國〔Anga〕）。基於財產所生的「自我認同」是「假我」，而不是「靈性個體」（真我）。

## 業的印記與累積：社會體

　　「社會體」是業力的產物，來自於過去的業力，以及當前的業

力。我們自然而然所吸引來的基本上都是源自於過去的業力，勉強
硬拉過來的則是由於當前的業力。阿周那出身皇室貴族，那是來自
過去的業力，迦爾納出身於戰車御者的家庭也是如此，他們倆都沒
得選擇，那是出生前即已預設如此。箭術是他們的天生才能，他們
生來就有如此天賦，後來也都精益求精。阿周那建造天帝城，迦爾
納受封爲盎迦王，這些都是他們各自努力的成果。然而，眞的全然
是因爲他們努力而來的成果嗎？或是說，這些財產本來就注定在他
們奮鬥過後就會出現在他們的人生中？要回答這類問題並不容易。
「社會體」仍然是個謎。「社會體」會累積「行動」（業）的印記、
記錄我們必須償還的債務，並隨著我們從無數的前世移轉到來生。

### ▼社會體的兩種類型

　　「財產」和「財產所有人」只存在於「文化」之中，而不存在
於大自然裡。自然相對於文化、森林相對於田地，其間的鴻溝是
印度教的一貫主題。《娑摩吠陀》把《梨俱吠陀》的讚美詩加上了
旋律，而成爲歌謠。這些歌謠可分爲兩大類：森林之歌（aranya-
gana）和定居之歌（grama-gana）。適用於森林的內容並不適用於
定居地，在森林中，人類所訂下的規則毫無意義，反之亦然。般
度族在流亡期間領悟到了這一點。

　　阿周那曾在森林中射中一頭野豬，接著才發現這頭野豬身上還
另有克拉底人（kirata，喜馬拉雅山區部落土著）的一支箭。阿周那

身為堂堂皇室子孫，便聲稱這頭野豬是他的財產。但是那個克拉底人才不承認他是王子，還要求兩人一決勝負，就像兩頭雄性動物為了地盤或求偶而要爭得你死我活那樣：勝者為王。阿周那覺悟到在森林裡，他的「社會體」並不管用，只有體力和技巧才算數。

般度族在流亡的最後一年必須躲藏起來，不能讓別人認出自己的身分。根據他們與俱盧族的協議，如果有誰在那最後一年認出他們來，他們必須再次流放森林十二年。在那段期間，他們在摩差（Matsya）國王的毗羅吒宮殿做奴僕的工作，也是他們第一次體會到為人奴僕是什麼滋味，那就是當一個人沒有技能、沒有什麼東西可提供給別人時，就會成為不斷受到虐待和剝削的對象。

▼般度族的王子身分及奴僕身分

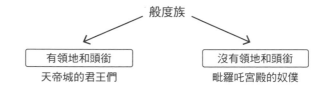

般度族

有領地和頭銜　　　　　　　　　　　沒有領地和頭銜
天帝城的君王們　　　　　　　　　　毗羅吒宮殿的奴僕

沒有頭銜或領地的般度族失去了他們在社會上的價值，從俱盧族手中奪回財產自然成為他們的人生目的。然而，奎師那對阿周那所說的這番話倒不是為了實現這一點。奎師那是在教導阿周那，儘管社會上可能會因為他的財產而看重他，然而，因為財產對家人的生存至關重要，他的目標應該是要為了自己的家人去奪回自己的財產才是。不過，他絕不能從財產去認同自己的真實身分。真實身分來自於內在，而不是外在——來自於「財產的主人」而不是「財產」，來自於「體內永生者」而不是「身體」。

▼人生意義之所在

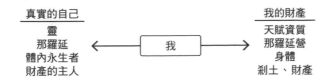

真實的自己　　　　　　　　　　　我的財產
　　靈　　　　　　　　　　　　　天賦資質
　那羅延　　　←　　我　　→　　那羅延營
體內永生者　　　　　　　　　　　　身體
財產的主人　　　　　　　　　　剎土、財產

你可能會因為我的財產及我的作為而看重我。
但是，我並不是我的財產，
我也不等於我的所作所為。
如果你愛我，請看清楚真實的我：
我的飢餓與恐懼，以及潛能；
是真實的我能看清楚真實的你。

## 第十五章

# 比較

## 比較所帶來的假象能夠打壓你，
## 也能賜予平靜

---

　　動物和植物不會去測量、計算或比較，只會為生存所需的地盤打鬥。但是，人類會計算他的財產多少，從而進行比較。這種用計算來劃定現實界線的能力稱為「假象」。「假象」建立起社會的結構、區域和階級，我們就在其中認定自己的身分，並在與自己進行比較之後認定別人的身分。我們可以說這些衡量標準是無用的假象，或是必要的錯覺，反正用想像力就可以輕易加以推翻。雖然吠陀經典和《薄伽梵歌》常常使用「假象」一詞，特別是用在人類心念的神奇力量這層意義上。但是，要過了很長一段時間，大約在一千年前開花結果的吠陀傳統文化中，「假象」在衡量和建構人類觀念方面所扮演的角色才開始有了詳細的闡述。

---

## 什麼是我的，什麼不是我的

「剎土」（財產）需要明確界定什麼是我的，什麼是你的。在
《摩訶婆羅多》中，俱盧族並不認為般度族是他們的家人，因此持
國稱呼他的兒子們為「我兒」，但稱呼他的侄子們時，並不是說
「我弟弟的兒子們」，而只是「般度五子」。他認為象城和天帝城都
是屬於俱盧族的「俱盧財產」（Kuru-kshetra 或名「俱盧之野」），
並且將般度族視為入侵者。

般度五子是分別由般度的兩個妻子所生——三個兒子來自貢
蒂，最小的兩個兒子是瑪德莉（Madri）所生的雙胞胎。堅戰在那
場賭局中，首先輸掉了瑪德莉的兒子無種（Nakula），這顯示出他
認為，比起怖軍和阿周那，他和這位同父異母的弟弟並沒有那麼
親。後來在森林中流浪時，他的四個弟弟都在喝了有毒的湖水之後
死亡，但他有機會可以選擇讓其中一人復活，結果他選擇的還是無
種，而不是貢蒂的其他兒子，這表示他的思維方式發生了轉變：他
領悟到明君會擴大自己的界線，甚至會把同父異母的弟弟、堂兄弟
和陌生人都視為親人。

在《薄伽梵歌》中，奎師那從未把大力羅摩（Balarama）看作
是同父異母的哥哥，他們之間沒有這些區分。奎師那對待祂的親生
父母提婆姬和瓦蘇德瓦，與對待養父母雅修達和南達並無不同。然
而，在《摩訶婆羅多》中，迦爾納從不認同他的養父母，因為他們
來自戰車御者的家庭，而他自己渴望成為弓箭戰士。

在「我認為是我的」與「我不認為是我的」之間劃出界線、轉
移界線的能力來自於「假象」，這是人的獨特能力，可以去測量、
劃定界線和分配。「假象」一詞通常被翻譯為「幻想」或「錯覺」，
但其字根ma的意思是「測量」。「假象」就是當我們透過測量這個

過濾器去觀察世界時所產生的錯覺。

　　測量有助於我們標記並分類身邊所有事物，以便了解這個世界。我們把這個世界分門別類，分成一個個容易理解的單位，例如化學的元素周期表，或生物學的動植物和疾病的各種分類法。測量是了解科學、自然界的關鍵。但是，隨測量而來的就是批判──我們不僅要分類，還要比較，創造階級層次，然後競爭。接著就會引起衝突。

**▼ 我的，不是我的**

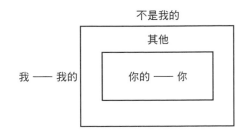

　　「財產擁有者」不能被比喻成任何事物，因為「財產擁有者」是無限、不朽的。你內在的「靈性個體」與我內在的「靈性個體」是相同的。但是，如果你我都與內在的「靈性個體」失去連結，也互不理解對方的飢餓、恐懼與潛能，那我們就會對各自的財產進行比較，以便在階級體系當中找到自己的位置，並給自己一個身分。

　　當價值是來自於我所擁有的東西時，我擁有的愈多，就會愈有價值，於是，我想確保我擁有的比你更多。這就是為什麼在《羅摩衍那》裡，衝突是從比較開始的。吉迦伊不滿意自己只是個貴妃，也希望丈夫，即阿逾陀的國王十車王能冊封她的兒子來日繼任為王。她還想要成為王太后，想要弄權以壓制王后卡烏莎麗雅（Kaushalya）。

　　《摩訶婆羅多》也談到了比較所產生的衝突。象城的國王般度因為受到斷子絕孫的詛咒，不得不與兩位妻子分房，並在森林裡隱居起來。他的兩位妻子貢蒂和瑪德莉跟著他來到了森林，貢蒂告訴他一個可以避開詛咒的變通方法。「我知道有個咒語，可以用來召喚天神，讓他給我一個孩子。」般度本來不想使用這個方法，但他聽到他失明的哥哥（當時暫時代理般度成為象城君主的持國）的妻子，亦即用布蒙眼生活的嫂嫂甘陀利王后懷孕了，想要競爭的想法於焉展開。他叫貢蒂利用這個咒語，前後召喚了閻摩（閻羅王），風神伐由（Vayu）和因陀羅（天帝），並分別生下了堅戰、怖軍和阿周那。般度想要有更多兒子，但貢蒂說她不能使用超過三次。因此般度懇求她，讓他的第二位妻子瑪德莉也可以有自己的孩子。貢蒂便如般度所願去做，但是當瑪德莉第一次用咒語就召喚出總是成對出現的雙馬童而得到孿生兒子後，貢蒂很生氣。她不願意再給瑪德莉咒語了，原因正是她自己的兒女絕不能比瑪德莉的少。甘陀利在得知般度有這麼多的孩子後，感到非常沮喪，竟然叫接生婆用鐵棍擊打她隆起的腹部，要讓胎兒盡快落地。結果，她生出來了一顆像鐵一樣冷硬的肉球。所幸她得到廣博仙人毗耶娑的幫助，把肉球分開，另行改造，最後得到了一百個兒子，比起瑪德莉還多了九十八個兒子，比貢蒂多了九十七個兒子，如此甘陀利便得以確立自己的優勢地位，連帶地也確立了丈夫的優勢地位。

　　人類會去評估，然後進行比較，這是出自本能的行為。在《薄伽梵歌》中，奎師那把阿修羅與神眾區分開來，我們會把神眾放在比阿修羅更好更高的地位。奎師那談到三種瑜伽時，我們會想知道是哪種瑜伽比較優越：行動瑜伽？奉愛瑜伽？知識瑜伽？奎師那談到物質三重屬性時，我們的心念就自動認為善良屬性比激情屬性好，而激情屬性就是比愚昧屬性好。奎師那談到四個社會階層時，

我們就把婆羅門放在剎帝利之上，剎帝利在農工商的吠舍之上，吠舍又在奴僕首陀羅之上。會這樣做，都是因爲受假象影響之故。

▼物質主義示意圖

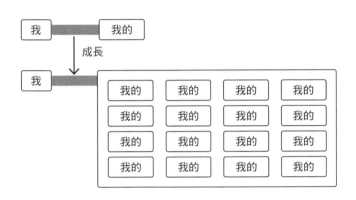

在自然界中，有所謂爭奪排序的問題，但是，動物要爭奪優勢並不是爲了理想，而是生存所需。能取得優勢地位就確保了能獲得更多食物。人類爭奪優勢地位，是要賦予自己價值，希望自我感覺良好。社會結構的形成在於賦予人類身分。社會結構常常都是根據在「社會體」方面的比較，也就是我們擁有什麼：財富、知識、人脈和技能。吉迦伊、甘陀利、貢蒂、般度等人都是拿著各自的兒子們在比較、競爭。誰有更多的孩子？誰的孩子更強或更聰明？誰的兒子是國王？我比你更優秀，因爲我所擁有的比你更多、更好、更快、更有錢、更美、更便宜、更棒、更厲害。藉由比較各自的頭銜和財產，我們得到自我認同，讓自己覺得值得關注、無比重要。

阿周那啊，試圖理解這個受物質三重屬性操控的世界的

人，除非接受我存在的真實，而我是無法測量或比較的，否則測量和階級制度的面紗會令他更加迷惑。那些因想像的界線所劃出的假象而困住的人，他們的行為有如惡魔。

——《薄伽梵歌》第七章第十三至十五節（意譯）

假象讓我們從無窮盡和不朽中脫離，從世界沒有了我們仍能繼續的感覺中脫離。假象讓我們覺得自己很重要。

▼測量

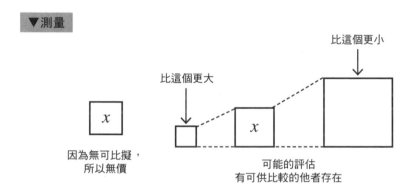

因為無可比擬，所以無價

比這個更大

比這個更小

可能的評估
有可供比較的他者存在

在往世書中，有一位名叫那羅陀的聖人，他拜訪家家戶戶，比較人們的才能、頭銜和財產：這家的太太比較美，那家兒子更有才華，他女兒嫁給了一個更有錢的富人，他的追隨者更多，他的王國更強大，她擁有更多珠寶……這種比較讓人們產生了不足感和嫉妒心，還會激發出野心，引起爭端。那羅陀製造出這種緊張局面後，在離開每家每戶之前便高呼：「那羅延！那羅延！」但他說的最後這句話卻沒有人要聽。人們已太執迷於名為「財產」的「那羅延營」，卻毫不在意又稱為「財產擁有者」的「那羅延」了。

那羅陀不想結婚生子，他想成為一個隱士，這也讓他的父親梵

天十分惱火，於是詛咒他將永遠在物質宇宙中流浪。這就是爲什麼那羅陀會有這麼多時間譏諷那些認爲「那羅延營」就是自己價值所在，而不關注內在的「那羅延」的人們。

## 想像的力量與價值

有一次，那羅陀來到德瓦拉卡城（Dwaraka），並試圖要在奎師那家裡引爆一場爭端。奎師那的妻子們問那羅陀想要些什麼東西。「我要的是妳們的丈夫。」這淘氣的好事者說道。后妃們也回覆，不能把自己的丈夫給他。「那就給我一個妳覺得與他等值或更有價值的東西。」后妃們都同意了。於是，奎師那被請上去，在一個秤盤上待著，后妃們則要在另一個秤盤上放置與奎師那等值或更有價值的東西。眞光皇后放上了她所有的金子，但這沒有什麼用，奎師那重得多了。然後，豔光（Rukmini）皇后在盤子裡放了一小束圖爾希（tulsi）葉子，並宣布這些葉子象徵了她對奎師那的愛。結果，那秤盤立刻就往下降，比奎師那的秤盤更重了。讓那羅陀感到心滿意足的並不是眞光皇后的黃金，而是豔光皇后的圖爾希葉子——奉愛精神的象徵。

這個故事在邏輯上的意義並不成立：圖爾希葉子怎麼會比奎師那來得重？但是，這要從隱喻裡去了解其意義。當圖爾希葉子因爲人類的想像力而富有意義時，這葉子就變得比其他東西都更具有分量。人類的想像力可以在任何事物上賦予價值，狗不會去區分金子和石頭，但是人類將黃金視爲錢財，還可以把一塊石頭轉變成神靈，這就是想像的力量。我們無法像眞光皇后試圖用黃金去秤奎師那樣去測量出「無限」有多重，可是，我們可以像豔光皇后那樣用一個符碼來鎖定「無限」的具體代表。

測量奎師那的重量

> 阿周那啊，我是無限的和不朽的，但是，我尊重大自
> 然之道，我將自己束縛在有限而短暫，而且可以衡量的
> 存在之中。
>
> ——《薄伽梵歌》第四章第六節（意譯）

　　因此，在寺廟中，聖石柱（pinda, linga）或聖石（shaligrama）可以代表無形的神靈。是我們的想像力為事物賦予了價值，為活動賦予了目的，為事物賦予了特性。我們可以賦予意義，或抹去意義。那就是「假象」的力量。這是神賦予我們人類的力量。人通常稱「假象」為魔法，因為它具有力量能使世界充滿意義，可以把每個字都變成隱喻，每個圖像都變成象徵。

▼人類賦予價值的能力

「假象」會造成分別、分裂，也會因比較而引起衝突。因爲我們的心念可以賦予任何東西任何意義，所以「假象」也會扭轉一切，爲我們改變現實。例如，一個隱士認爲性和暴力很可怕，而一個在家居士則認爲性和暴力是必要的，甚至是愉悅的。「假象」會造成世界的分裂，然而，當我們跨越界線去包容我們想要包容的人，這時，「假象」也可以團結世界，成爲建立關係的黏合劑。難敵接受了戰車御者之子迦爾納，卻排斥他的堂兄弟阿周那，這就是一個很好的例子。這也是爲什麼在口語中，「假象」也有「感情」的意思，它會強化人際之間的關係。

印度語中所說的「Sab maya hai」，這句話通常翻譯爲「這世界是假象、妄想」。其實，這句話更意味著，這世界是有價值或無價值，是奮發向上或悲觀厭世，全憑我們自己所想像的那樣。

在「吠檀多」中，有句流行的梵文短語「Jagad mithya, brahma satya!」這句話被翻譯成「這世界是海市蜃樓，唯神爲眞」。Mithya是指透過「假象」所創造，經測量過的「有限眞實」。因此，這句短語也可以翻譯成「這個世界是不完整的眞實，是透過想像力和語言才變得完整」。我們透過測量、劃定和分配這個世界，便創造出人生中的沮喪和快樂。而這世界本身並沒有本質上的測量標準。

阿周那啊，智者平等看待博學者、流浪者、牛、象或狗。在一切之中，能平等看待的人，他在所有愉快和不愉快的情況下都能保持平等平衡，他已覺悟到神，因為神也是公正的。

——《薄伽梵歌》第五章第十八至二十節（意譯）

你是否把你自己跟我比較，
而得出自己的身分認同？
這是「假象」，但這也是一種必要的錯覺，
沒有「假象」，社會無法運轉。
「假象」會用靈感提升你，用嫉妒打壓你，
或藉由揭示你與我有多麼不同，
而賜予你平靜。

## 第十六章

# 執著

## 智慧就是享受自然地來到
## 你面前的事物

---

　　如果我就是我的財產，那我就會緊緊抓住我所擁有的財物，這樣才能保住我在這世上的價值。當你想要從我這裡拿走我的財產時，我會覺得受到侵犯，因為我的身分認同是依附在我的財產之上的。

　　在本章中，我們將探討「癡」，所謂「癡」就是盲目執著於「我的」與「不是我的」之間的那條界線，因為「癡」，所以「暴力」會升高成為「侵犯」。侵犯是心理上的暴力，與身體暴力也許有關，也可能無關，但所造成的痛苦是更為劇烈的，因為心理暴力牽扯到的是自我認同感的破滅。這種心理暴力與「我們認為是我們的東西」之間的關係成正比。討論「執著」這樣的觀念貫穿了整部《薄伽梵歌》，而在印度隱士和在家居士的傳統文化中也扮演著關鍵角色，故值得另闢獨立章節加以詳述。

佛陀一生都在講「人事無常」（在巴利語中稱之爲anikka），以及「無我」的概念（在巴利語中稱之爲anatta）。然而，在他離世後，其遺體火化所留下的骨燼（牙齒、頭髮、指甲、骨頭）被門徒收集起來，分開存放在佛塔中作爲聖物崇拜。爲了在佛塔中祀奉這些遺骨，便建造了「制多」（chaityas，意即祈禱大廳），爾後，在許多祈禱大廳周邊漸漸出現了僧侶居住的「精舍」。僧侶們不願佛陀湮沒無聞——儘管佛陀曾明確指示不要這樣做，但門徒還是執著於他的遺體不放，想要在一生宣揚人生無常的老師遺骨當中追求永恆。有個故事是這樣說的，佛陀臨終時，他的門徒大哭，不知道沒有了老師後該怎麼活下去。然後，佛陀領悟到，他曾希望自己是一艘能渡人過悲傷之河的木筏；不過，人們後來卻要讓他成爲一頂轎子，人們想要隨身帶著轎子，並往轎子裡面塞滿重擔。佛陀想讓他們得解脫；他們卻想要把自己綑綁起來。

這是佛教許多矛盾現象當中的一個。這樣的反諷在印度教的修行體系中也是有的，印度教僧侶也會緊緊抓著老師的遺體不放，甚至不願將屍體火化，他們使用鹽巴讓遺體乾縮後埋葬，並在墓塚上蓋一座紀念建築，如此便可永遠敬拜老師。這樣的紀念建築稱爲「三摩地」，裡面埋藏的是隱士的遺體，而隱士是從一開始就自願放棄他的財產，而最終也棄絕身體的人啊。

## 心念的六個敵人

自然界有著互相吸引或排斥的自然力，即使是物體之間也是有的。動植物自然地受到食物吸引，也自然地會躲避威脅。除此之外，人類還會執著於財產，因爲財產賦予了他們在社會上的價值。我們說服自己，是我們的社會體定義了我們的身分。若有人說，我

們的真實身分是無形、且不可估量的「財產的擁有者」，這樣的話令人難以置信，因為這句話永遠無法得到證明，你只能相信。因此，我們執著於目標或規則、財產或親人、頭銜或觀念，並像動物為地盤而打架那樣，為種種目標奮鬥不懈。然而，動物爭鬥是因為攸關生存問題。人類之所以爭戰，卻是為了他們的身分（自我、假我）的高低。「執著」是能讓人放心的。不安全感會激發人們對財物產生更多的「欲望」，因此獲得更多財物就成為生活的目標。得不到時，就會「生氣」（憤怒）；一旦得到，就會變得「貪婪」；接著，會對財物產生「癡」，迷醉於「傲慢」。原因是我們擁有了財物後，會嫉妒那些擁有更多的人，而在擁有較少的人身邊又覺得有「不安全感」。因此，物質現實就這樣迷惑著我們，並這樣來來回回折騰著我們的心念。這些狀況稱為心念的「六個敵人」（ari-shad-varga），它們阻礙了心念的擴展，讓「假我」不得轉化提升為「靈性個體」並發現「薄伽梵」。

### ▼ 欲望與憤怒

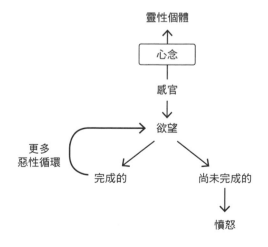

　　阿周那啊，激情屬性在感官、內心和頭腦生出欲望。
欲望是永不滿足的，如果不放縱它，就會導致憤怒。
欲望和憤怒阻礙所有智慧，就像煙霧遮蔽火焰，灰塵遮
蔽鏡面，子宮遮蔽胚胎一樣。
　　　　——《薄伽梵歌》第三章第三十七至四十節（意譯）


　　因為恐懼，我們不去面對事情；因為恐懼，我們不承認自己是
物主、不負起責任、不承擔所有權；因為恐懼，害怕心碎，所以
不敢墜入愛河；因為恐懼失敗，所以不願去奮鬥；因為恐懼有何結
果，所以不肯採取任何行動。我們清楚劃定出什麼是我的東西，什
麼不是我的東西。如果成為在家居士是因為受到物質享受的吸引，
成為一名隱士是因為厭惡物質享受，那麼這兩者其實都沒有智慧，
因為兩者都沒有接受現實。我們身為在家居士，會希望擴增「我的
財產」範圍，有時候甚至不惜犧牲你的財產。若我們身為隱士，會
想要放棄屬於我的財產，至於你的財產，更是絕不會去拿取的。

　　真實是讓事物自然而然地來到我們面前，而不是去追求並非自
然而然地來到我們面前的事物。智慧是如何承受我們應該去承受的
結果，而不是想要去承受我們無法承受的結果。一棵樹依照物質屬
性本應長出芒果，這不是什麼野心或欲望，僅僅是將其潛能付諸實
現。如果我們期望芒果樹上長出蘋果，那麼問題就出現了——我們
不尊重物質三重屬性。一個人根據自己的特質和潛能，可以成為國
王、戰士、商人、僕人或詩人。如果我們因為討厭戰爭或喜愛詩
詞，而試圖把一名戰士變成詩人，那麼就會造成他的緊張和痛苦。
因此，印度教不講「改變信仰」，只講「實現潛能」。智慧的標誌
是，實現潛能而不從中取得自己的身分認同（譯注：認同假我），
或者不否認潛能的存在。

▼相同或不同示意圖

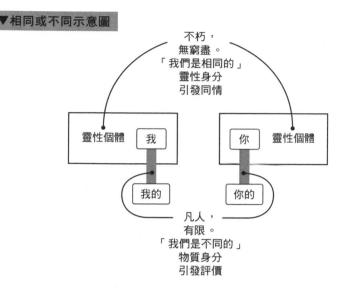

阿周那啊，一切眾生皆按其本性行事。連智者也要根據其本性行事。那麼，約束有什麼價值呢？你的感官自然會受周圍事物吸引或有反感。不要讓他們迷惑你，使你分心而無法找到真正的自己。

　　　　——《薄伽梵歌》第三章第三十三和三十四節（意譯）


「什麼都不要」（零）與「什麼都要」（無窮盡）一樣，皆為妄想。智者什麼都不要，只接受自然來到他們面前的一切；需要放手時，就讓它走。羅摩之所以是羅摩，並不是因為他的出身（皇室身分），也不是因為他的成就（擊斃拉瓦納），即使沒有這些財產或成就，祂依然是羅摩。


阿周那啊，認同自己的身分者是「靈性個體」的人，他享受物質樂趣，卻不會執著或厭惡，因此能長保平靜。

　　　　　　　——《薄伽梵歌》第二章第六十四節（意譯）

## 癡、傲慢與侵犯

在自然界中存在著暴力，在文化中存在著侵犯，因為事物不僅是事物，也是身分的標誌。地盤被入侵或身體遭到攻擊時，動物不會感覺受到侵犯，牠們會為了生存而打回去，但牠們的暴力行為並沒有道德問題。在人類之間，由於我們透過事物來認同自己，因此，若有人攻擊我們所認定的財物，就變成是侵犯了我們所認同的身分。這一點是人類獨有的。

人類要侵犯他人，可以攻擊他人的「社會體」（財產），而且甚至連對方的身體都不用觸摸到。他人會在內心感受到傷痛，傷害到的是「精神體」（假我），而「精神體」是從外在的身體獲得價值。因此，當路人刮傷我們的汽車時，我們也會自覺受傷。汽車上的刮傷並沒有對我們造成身體傷害，但我們在情緒上會感到不安。雖然沒有身體暴力，我們還是覺得受到侵犯了，因為汽車是我們的財產，也是我們「社會體」的一部分，亦即我們的身分認同的一部分。人類社會制約我們對周圍的事物保持「執著」，透過人際關係、頭銜和財產取得「身分認同」。換句話說，文化即在宣揚「癡」與「傲慢」。

「傲慢」也指稱從性欲大發的公象太陽穴上所分泌出來的液體。處於這種狀況稱為「狂亂狀態」（musth），亦即情欲高漲的動物會完全迷醉，會去攻擊所有擋住牠去路的一切。這樣的動物一心一意要得到牠想要的東西。傲慢（mada）一詞源自於madira，意思是「酒」。從mada這個字衍生出「瑪丹」（Madan）一詞，指的是「欲望之神」伽摩。

▼傲慢：字面與隱喻的意義

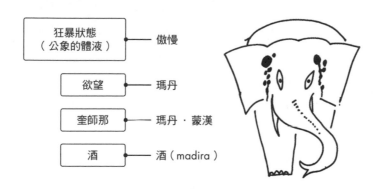

| 狂暴狀態（公象的體液） | —— 傲慢 |
| 欲望 | —— 瑪丹 |
| 奎師那 | —— 瑪丹・蒙漢 |
| 酒 | —— 酒（madira） |

　　但是，奎師那又名瑪丹・蒙漢（Madan Mohan），祂甚至化身為迷人的女郎莫希妮（Mohini）。毗濕奴及其所有化身都與很多性活動與暴力行為有關。然而，這些活動有別於執著和厭惡（譯注：這種二元性），因為毗濕奴的這些活動是用來賦予祂周圍的人價值，而不是為了給祂自己帶來價值。

　　在《羅摩衍那》中，即使羅摩殺死了拉瓦納的兒子英德吉特（Indrajit）和他的兄弟昆巴卡納（Kumbhakarna），羅摩的神猴大軍也把蘭卡城燒得烈焰沖天，但拉瓦納仍不願意放悉多走，他在此就是表現出了這種「傲慢」。他緊緊抓住悉多，拒絕讓她回到羅摩身旁。由於他把悉多視為羅摩的財產，因此在悉多身上找到了意義。因為他認為悉多是羅摩的財產，所以得到了悉多，就可以侵犯到羅摩。可是，羅摩並不認為悉多是祂的財產，祂覺得自己有責任要保護悉多，所以，羅摩並沒有侵犯拉瓦納的意圖，祂只是想要去營救悉多。因為悉多嫁進了羅摩的「拉古」皇族，所以保護她的安全就是皇族中人的責任。羅摩之所以發起這一戰，並不是因為祂想要回「祂的東西」，而是因為祂不願意評價「她」。實際上，此一戰事結束之後，祂並不期望悉多非得跟隨祂不可，祂讓她自己選擇，她可以決

定去任何她想去的地方。結果，悉多選擇和祂一起回到阿逾陀。

在《摩訶婆羅多》中，奎師那殺死了剛沙王，祂只是殺死一個威脅自己生命安全的人，這是防禦行為，不是犯罪；這是暴力，卻不是侵犯。祂沒有意圖想要控制、傷害或羞辱剛沙王，但是，剛沙王的岳父妖連卻覺得受到侵犯了，因為對他來說，剛沙王是他的「社會體」，他的財產，是他的自我尊嚴之所繫。所以，妖連去襲擊馬圖拉城，想要殺死奎師那，並燒毀這座城，這樣的行為才是侵犯，是一種「非法性」的行為。後來，奎師那得到怖軍相助而殺死了妖連。同樣地，奎師那的意圖並不是要傷害或侮辱妖連，也不是要控制他，而是要讓堅戰能成為君王，得到統治權，而這是妖連所不允許的。

難敵要當眾剝光德羅波蒂的衣物，又不歸還般度五子的領土，這些作為是出自於想要侵犯般度族的意圖，藉由侵犯他們，難敵得以滋養他的「假我」。奎師那不希望阿周那做出那樣的事，祂希望阿周那走上戰場，但不要去侵犯那些敵人。祂不放縱怖軍過於好戰嗜血，「暴力」是這個世界上所不能避免的，因為某些暴力讓人們能夠得到滋養；然而，「侵犯」只不過是粗魯地縱容「假我」，是一種過度的自我擴張罷了。

### ▼ 暴力與侵犯

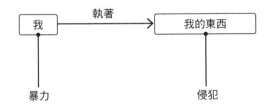

在《薄伽梵往世書》當中，有一個關於眾象之王加金德拉

（Gajendra）的故事。牠有一次在「狂亂狀態」下進入蓮花池，要與一群母象調情作樂。突然間，有一隻鱷魚咬住牠的腿，並使勁往水底下拖。加金德拉試圖逃脫，卻徒勞無功，沒有誰可以來解救牠。牠在迷茫無助之際，便向毗濕奴祈求。後來，毗濕奴顯現並將鱷魚擊退。

這是一個隱喻，講的是想在這個物質世界追尋享樂，而執迷於激情的一個生命體，突然發現這個世界一轉過身就來攻擊他，甚至是如臨大敵似地想要殺死他。解決方案並不是更用力地去與之對抗，因為那只會讓鱷魚咬得更緊，更不鬆口。解決辦法是不要對抗，並且要相信會有另一種力量介入干預。

### ▼象王加金德拉的解脫

我是受害者
牠是大壞蛋

那是食物

在這個故事裡，加金德拉選擇把自己當作受害者，把鱷魚視為惡棍。如果牠贏了，牠會得到英雄的美名；如果輸了，牠仍然會因為至死奮鬥不懈而受封為烈士。但是，觀察者可以看到鱷魚並非壞蛋：牠要不是把加金德拉視為威脅，就是把牠當作是食物。這鱷

魚的暴力行為並不是侵犯。然而，加金德拉卻覺得鱷魚的行為侵犯了自己，因為牠處於「傲慢」狀態，牠自視為眾象之王，也是所有母象的主人，並受到眾生的喜愛和敬畏，牠不覺得自己屬於動物等級，當然也不會是誰的獵物。吠陀智慧教導我們，無需想像有誰要侵犯你，也不用想像自己成了英雄，或者必須如烈士般行事。重要的是，我們應該要認知到有「假象」、「癡」、「傲慢」這些力量在作用，要停止在想像的界線上掙扎，要相信生活的樣貌不僅僅只有我們能控制的力量在塑造著，其實還有許許多多的其他力量在作用著。

　　如果我們沒有信仰，那就得自己背負著解決所有問題的重擔。雖然不耐煩，還是得持續爭戰、執著。智慧就是享受自然地漂到你面前的事物，並放下自然地漂走的東西，就像看著沙灘上的海浪翻湧而來又節節退去一般。

　　　　阿周那啊，那些一直在思考財產的人會執著於它，並
　　　　不斷地渴望它，這會導致挫折感，接著產生憤怒、混
　　　　亂、記憶力減退、智力喪失，最終毀滅。
　　　　——《薄伽梵歌》第二章第六十二和六十三節（意譯）

　　　　在自然界裡，並沒有侵犯一事，只有暴力。
　　　　當我們賦予事物意義，
　　　　並從事物當中獲取自我的身分認同時，
　　　　就會發生侵犯行為。
　　　　一旦與「靈性個體」斷絕連結，
　　　　我們便會執著於財產。

## 第十七章

# 慷慨

## 認同靈性個體，
## 才會放下執著，變得慷慨

「解脫」是讓我們放下執著的恐懼。唯有放手，才能在物質、情感和智性上變得「慷慨」。這是奎師那在《薄伽梵歌》第八章中所提供的一個選項，可讓人避免掉進反覆投生的陷阱。在《薄伽梵歌》第十五章中則闡明「解脫」的內心世界與「陷阱」的外在世界之間的拉鋸戰。奎師那在《薄伽梵歌》第十八章中詳述「放下」是有關放棄行動本身，或是放棄期待某種特定回應。

### 倒立榕樹：內在與外在的滋養

奎師那以一個壯觀的視覺場景開啓第十五章，並解釋我們所生活的世界。

> 阿周那啊，有一棵倒立的榕樹，根植於天空，樹幹從空中往下開展。智者知道吠陀經典是它的葉子。由於物質屬性的影響，枝條或上或下延展，並由許多經驗所滋養。往下長的氣根是出自於欲望而產生的行動，因有欲望便將它留置在人類的世界。唯有智慧能斬斷這些往下長的氣根，從而找出這棵倒立榕樹在它感官著魔、視線模糊之前，它原初的根之所在。
>
> ——《薄伽梵歌》第十五章第一至四節（意譯）

榕樹對印度教徒而言是聖樹。榕樹象徵不朽，獨特之處在於具有主根和輔助根。輔助根是從其枝幹長出來的，可以長到很粗壯，讓人無法分辨哪一處才是榕樹的主根。

在這節經文中，奎師那具體描繪了一棵從天空中倒著長下來的榕樹，它的主根高高地伸向天空，次要的根延伸到大地。因此，這棵榕樹從上面或從下面都受到滋養。伸向天空的主根受到內在心理現實的滋養，次要的根廣泛地伸展到大地，得到外在的物質現實的滋養。

這棵樹就是我們的身分，我們從內到外都受到滋養。內在是永恆無限的「靈性個體」，因此不會受必死、有限制的焦慮所苦。「靈性個體」既不挨餓，也不害怕，更不會渴求得到認可。外在是一個充滿事物、人群、人際關係、各種欲望和挫敗的世界。當我

們從外在世界獲取價值感時，我們會假設自己的身分是充滿焦慮的「假我」。因此，奎師那建議阿周那使用知識的斧頭砍斷所有次要的根鬚，託庇於「靈性個體」這主根，並得到解脫。這是解脫，得到之後便不再從外在世界尋求認可，而是從內在獲得永恆的認定。解脫便是擺脫了恐懼。

> 阿周那啊，真正領悟關於心念、物質及物質屬性這些真理的人，不管他的生活方式如何，他都可以從反覆投生當中解脫出來。
> ——《薄伽梵歌》第十三章第二十三節（意譯）

**▼倒立的榕樹**

原人、意識

靈性個體

物質三重屬性
行動（因果業報）

假我
欲望
憤怒
癡

　　佛陀說欲望（在巴利語中稱之為tanha）是一切苦難的根源。因此，他建議人們接受人生的眞理來除去欲望——沒有什麼是固定或永久的，甚至連「身分認同」也是如此。

　　然而，《薄伽梵歌》談到兩種身分認同：以財產為基礎的外在身分或稱「假我」，以及以智慧為基礎的內在身分或稱「靈性個體」。「假我」是恐懼的果實，「靈性個體」是智慧的結晶。「假我」是欲望、憤怒、貪、癡、傲慢、不安全感的種子，「靈性個體」會帶來解脫。認同「靈性個體」的話，人就不會執著，就不會想盡辦法要控制，就能放手，也會變得慷慨，可以容許。

▼從「傲慢」到「解脫」

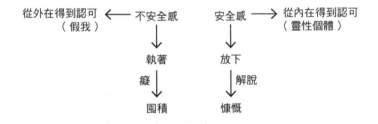

　　阿周那啊，放棄自負、所有權和渴望（換句話說，即「我」、「我的」），便能永遠平靜。

　　　　　　　　　——《薄伽梵歌》第二章第七十一節（意譯）

### 解脫的第一種指標

　　「如何給他人東西」是關於「解脫」的一個好指標。在火祭中念「娑婆訶」時，可能獻上的是「償還」、「救濟」或「布施」。

「償還」是爲了所得到的服務而付款。換句話說,「償還」是我們
完成了交易,償還了債務,之後彼此就沒有任何義務。「救濟」是
做慈善、做善事,我們期望因此能交換到某種東西——尊敬、欽
佩、感謝或祝福。「布施」是送出財物卻不期待得到任何回報,所
以,不會期待天神去做什麼,也不會在祂身上強加什麼義務。不會
去談誰欠誰,或做了火祭會有什麼成果。《薄伽梵歌》中所講述的
「布施」有善良屬性、激情屬性、愚昧屬性三種類型。「償還」和
「救濟」等同於激情屬性的布施。

> 阿周那啊,在適當的時間和地點布施給適當的人,卻不
> 期望他付出任何回報,這是善良屬性的布施;不情願地
> 給予或必須獲得回報,這樣的布施屬於激情屬性;未經
> 思考、態度輕蔑無禮,在錯誤的時間和地點,對不適
> 當的人所做的布施屬於愚昧屬性。
> ——《薄伽梵歌》第十七章第二十至二十二節(意譯)

這一點可以用兩個故事來詳加說明:一個故事出自《摩訶婆
羅多》,另一個出自《薄伽梵往世書》。這兩個故事一開始是相同
的,可是結局卻大相逕庭。

有兩個兒時玩伴,由於相親相愛,便互相承諾成年之後也要
共享他們所擁有的一切。其中一位是貴族之子,另一位則是祭司之
子。後來貴族之子繼承大筆財富,祭司之子卻一貧如洗。由於祭司
之子淪爲赤貧,身陷絕境、猶豫再三的他最後還是決定去找他的富
人朋友。

在《摩訶婆羅多》,般遮羅(Panchala)國的木柱王(Drupada)
辱罵貧民德羅納,說他怎會認爲童年時所說的話到了成年後還算

數。他告訴德羅納要以祭司的身分賺取服務費，或乞求施捨，而不是以友誼之名要求分享皇室財產，好像他真有這個權利一般。他還說，唯有能平起平坐的人之間才有友誼存在。憤怒的德羅納離開了宮殿，決心要成為能與木柱王平起平坐的人物。這一決定最終導致德羅納支持俱盧族，木柱王支持般度族，引發世族間連環仇殺，最終以俱盧之野的流血殺戮告終。

不過，在《薄伽梵往世書》裡頭的故事，窮人是蘇達瑪（Sudama），而富有的君王是奎師那。蘇達瑪去找他富裕的兒時玩伴時，受到熱情的歡迎，還得到豐厚的禮物。

木柱王所做的正是一國之君應該做的事情：他就是論法理，並告訴德羅納不要為了個人利益汲汲營營，並建議他就按照他在社會上所扮演的角色行事。德羅納身為祭司，如果提供服務便可以要求別人支付償還；如果不提供服務，則可以要求救濟。不幸的是，木柱王並沒有「看見」：他看不到德羅納的確需要求助於他，但德羅納自己也覺得十分尷尬，因此才提醒木柱王小時候曾說出口的承諾，並「要求」他的那一份來掩飾窘境。德羅納也看不見：他迫於貧困，沒有去注意到木柱王已經變了，不再是他以前所認識的那個朋友了。

另一方面，蘇達瑪儘管窮困，卻深知多年後彼此狀態早已有不同變化。他考慮到都已經過了這麼多年，彼此的命運也不一樣，他站在奎師那的角度設想，並「看見」他這位兒時玩伴可能會認不得他了。雖然很窮，但他還是為奎師那準備了禮物：自己少吃幾頓而攢了一小包爆米花。奎師那也「看見」了蘇達瑪，他並沒有取笑老朋友有多窮，反而流露出珍惜之情，得到小禮物也十分開心，讓蘇達瑪感受到奎師那仍然記得自己，也深愛著自己。蘇達瑪深受奎師那的慷慨對待而感動，他並沒有開口要什麼，回家後卻發現奎師那

已經給了他一切所需。

　　「布施」不會產生義務，也不會造成期望，布施是解脫的指標。當我們覺得不必執著於財富，也不必去掌控我們周圍的人時，解脫便會隨之而來，因為我們的身分認同既不在於財富，也不在於權力。財富和權力只是讓我們的生活變得舒適，並使周圍的人受益的工具。

　　▼進行慈善活動的類型

| 償還 | 救濟 | 布施 |
| --- | --- | --- |
| ↓ | ↓ | ↓ |
| 因為得到了服務 | 因為自己的狀態 | 為了他人而無條件地去做 |

### 解脫的第二種指標

　　「解脫」的另一個指標是「容許」，「容許」的本質是情感上的「慷慨」。我們注意到《羅摩衍那》以悲劇告終，悉多被放逐。《薄伽梵往世書》的結尾也令人心碎，奎師那曾經承諾蘭妲、牧牛姑娘們，以及祂的母親雅修達說「自己會回來」，後來卻因為在馬圖拉的責任而失信了，甚至《摩訶婆羅多》到最後就是因為奎師那沒有救出甘陀利或德羅波蒂的孩子們，所以，甘陀利便詛咒奎師那，而詛咒也應驗了。

　　然而，悲傷的悉多不怪羅摩，她非常了解祂、祂的智慧、祂的愛，以及祂受限於皇室規範的重擔。蘭妲傷心欲絕，卻不怪奎師那，她也很清楚奎師那必須走自己的路，而她其實有家庭責任，也

不能成為祂的伴侶。奎師那善解人意，祂也不怪甘陀利，祂知道她
為何生氣，為了雙目失明的丈夫，她也蒙上眼罩生活，卻因此讓孩
子們有了不安全感。悉多不是從羅摩那裡才有自己的身分認同，蘭
妲不是從奎師那那裡才有自己的身分認同，奎師那不是從甘陀利那
裡才有自己的身分認同。悉多、蘭妲、奎師那這三個人都沉浸在體
內永生者、靈性個體、財產主人、梵和薄伽梵的意識當中，他們
每一個人都是一棵倒立的榕樹，永遠受到天空滋養，也永遠滋養著
大地。

▼ 從有限到無限

我是否覺察到我種種的恐懼，
讓我貪婪、小氣、愛控制？
是什麼東西阻止了我在物質、情感
和智慧上變得「慷慨」？
從本質上講，「解脫」就是放下那些
讓我們與他人失去連結的不安全感。

# 第十八章

# 你我對彼此很重要

## 看見他人，會引領你看見自己

「慷慨」的前提是心中「有別人」。各種修行傳統多著重在將自我與他人隔離開來。然而，《薄伽梵歌》是要給在家居士的教導，並不是給隱士的；在家居士不是退出戰場，而是在不執著也不仇恨的情況下出征，因此他既不會受到侵犯，也不會去侵犯別人。所以，儘管佛教講「無我」，亦即「靈性個體」並不存在，佛教也講「涅槃」，亦即「忘掉自己」，但《薄伽梵歌》講的卻是「靈之喜樂」或內在不朽的喜樂，以及「梵涅槃」，亦即「看見別人的存在」。

存在於「生命體」與「另一個生命體」之間的這種關係便構成了本章，即本書最後一章的主題。奎師那早在《薄伽梵歌》第二章中便以「三摩地」一詞介紹了這個觀念。

## 《薄伽梵歌》的兩種結論

《薄伽梵歌》有兩個結論，第一個結論是奎師那總結了自己的論述。

> 阿周那啊，因此，我已傳遞給你祕中之祕。深思這些內容後，你就按照自己的意願去做。如果你完全相信我，並且放棄其他路徑，請相信，我會讓你解脫。不要與悲觀、輕蔑或沒興趣的人分享這些知識。我珍惜那些分享我的話語的人。那些聽了我的話的人，即使不理解，也會受到喜樂的祝福。我希望你已記住我所說的話。我希望這個知識已粉碎一切假象。
> ——《薄伽梵歌》第十八章第六十三至七十二節（意譯）

阿周那證實他的假象已粉碎，「清楚」已經取代了原先的觀點。他懷著明確的決心，堅定地站起身來，再無疑惑，已準備好按照教導去做。

接著，是全勝對《薄伽梵歌》所做出的結論。全勝因聖人毗耶娑賜予「遙視感應」而表示感謝，因為這讓他能夠聽到奎師那的智慧話語，並看到奎師那壯麗的宇宙實相。最後，他在《薄伽梵歌》的最後一個詩節，說出了他個人對奎師那這番教導的感想。

> 凡有奎師那連結心念、阿周那拉開戰弓之處，便有財富、成功、領土、穩定和法律。這就是我的看法。
> ——《薄伽梵歌》第十八章第七十八節（意譯）

　　上述兩個結論是截然不同的，奎師那的結論相當具有心理色彩，全勝的結論則非常物質化。如果阿周那透過表現出對奎師那的信仰，扮演好戰士這個角色，從而造福別人，且不期待任何回報，那麼奎師那便會讓他擺脫世俗枷鎖，得到解脫。全勝則相信奎師那這番論述中的五個承諾：財富（Shri）、成功、領土（Bhu）、穩定和法律（Niti）。

　　阿周那的問題只與他個人相關，但奎師那的解決方案卻是讓他「要想到別人」。全勝就是別人，亦即象城全體人民的化身，他們也是在般度族大戰俱盧族時被忽視的一群人。對全勝而言，《薄伽梵歌》顯然是為君王們講述的，君王應當統治國家、對臣民負責，並創造和平繁榮，而不是任性隨意想打仗就打仗。這是全勝勸戒持國在聆聽《薄伽梵歌》時，要擺脫他自己的受害者情結，否則他仍然會對他人的困境視而不見。

> 阿周那啊，一個高貴的人無論做什麼，全世界都會跟
> 隨。
> 　　　　　　──《薄伽梵歌》第三章第二十一節（意譯）

　　全勝的結論將《薄伽梵歌》連結到毗濕奴的神話；因為「財富」和「領土」是專有名詞，指的是毗濕奴的兩位伴侶，而毗濕奴又名「勝利」（Vijaya）。毗濕奴的形象是宇宙之王，祂穿戴皇室禮服，身旁有后妃相伴：「盧瑞」（Shri）代表了無形的財富如統治權、光榮、名聲及魅力。「佈」（Bhu）則象徵著大地，以及像大地的寶藏一樣的有形財富。「穩定」和「法律」是毗濕奴的奉獻者。「穩定」代表北極星，是個想坐在毗濕奴膝上的孩子；在這樣唯一的寶座上是沒有人能把他拉下來的，如此一來，他才能永遠享受聖父的寵

愛。Niti 的意思是法律；法律唯有在合乎毗濕奴的概念，亦即「法性」時才有價值。有了法性，法律才能幫助孤苦無依的人，並為所有生命體展現正義（nyaya）。沒有法性，法律只是控制、壓迫，甚至是破壞的工具。

我們必須回想《羅摩衍那》和《摩訶婆羅多》的成書年代。在那樣的時代背景下，王權的地位是高於親屬關係的，這意思是，社區裡不僅只有同一個大家庭或部落（親戚）的成員，還包括了其他家庭、部落和氏族的成員。因此，《羅摩衍那》是「甘蔗王」（Ikshvaku）的後代與眾多外人——生活在叢林中的猴族和羅剎之間的故事。《摩訶婆羅多》講的是發生在俱盧族內部，同一家族的兩個分支之間的緊張衝突。這兩部史詩的重點問題都是財產：《羅摩衍那》裡的財產是阿逾陀、基什欽達和蘭卡三個國家的王位，《摩訶婆羅多》裡所爭的則是象城的寶座。一個好的君王除了會照顧他所認為的自己人，也應該會去照顧其他人。比起個人的幸福，羅摩更關心自己的國家和家族的名譽，所以，羅摩是最偉大的國王。奎師那教導般度五子去作戰並不是為了要復仇或實現野心，而是要如何治理，所以，奎師那是最偉大的「君王導師」。

> 阿周那啊，在這三個世界中我不需要做什麼，也無需獲得什麼。但我還是在工作，因為如果我不工作，其他人就不會工作，我就會變成所有已創造的一切之所以混亂和毀滅的原因。
> ——《薄伽梵歌》第三章第二十二至二十四節（意譯）

毗濕奴斜倚在蛇床上。通常，安坐於豎立起來的蛇頭之下，這樣的形象是用來描繪宗教修行運動的宗師，例如佛陀以及耆那教祖

師巴濕伐那陀（Parsvanath）。往世書也用相同的坐姿形象描繪毗濕奴，這就是要傳達一個信息，那就是偉人不見得是僧侶，君王也可以成為偉人。《薄伽梵歌》是吠陀智慧，而且是根據君王治理國家的需求量身訂做的。國家需要君王來治理，但君王也需要國家來一展長才。

在豎立起來的蛇頭之下

### 法性與解脫之間

《薄伽梵歌》也觸及了「法性」與「解脫」之間微妙的張力。「法性」要求人參與社會，而「解脫」則要人與社會脫離；法性是去建立人際關係，解脫則是要放棄人際關係；法性把人與社會連結在一起，解脫讓他們有能力掙脫社會。在吠陀時代，亦即在佛教和耆那教的信徒讓隱士文化大為普及，並成為兩千五百年前的主流價值之前，一般都認為法性適合年輕人，而解脫則適合老年人。吠陀

時期印度教認為法性的價值高於解脫。但是，到了往世書時期的印度教，解脫的價值開始高於法性，這顯示出過去一千年來印度教修行體系的影響力日益壯大。

▼「解脫」價值在不同時期的影響

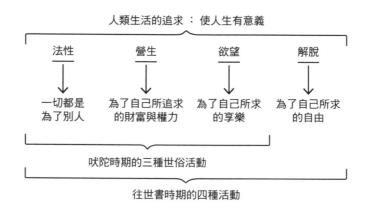

今日，我們通常會把「解脫」看作是一種理想，可以說是印度教徒的人生目標，但是，「目標」只有在「認為人只活一次」，也就是此生的性命是有截止日期的概念下才會有意義。在認為人會投生轉世的文化中，生命並無期限，因此這一生也就沒有目標，只有那些能讓我們無盡的生命「能夠有意義的追求」。最初確立的三類追求：「法性、營生（artha）和欲望」，或換個講法，「社會義務、權力和享樂」。後來，「解脫」被列為所追求的四類活動（chatur-varga）中的最後一項，或許有人會認為「解脫」才是四者當中最好的追求，然而，會觀察人生的人就能夠看到每一類活動都有適合去做的情境。營生、欲望、解脫之主要重心都是放在自己身上，法性則是以他人為重。這就是為什麼奎師那一直在談論行動，

而不是「不行動」，要參與，而不是退縮。

> 阿周那啊，在履行職責時，臣服於我，竭盡所能，無
> 論回應如何，都表現出平等心——你將得解脫與平靜。
> 將你的心念放在我身上，你將克服所有障礙。依靠你的
> 自負，你就會滅亡。
> ——《薄伽梵歌》第十八章第五十六至五十八節（意譯）

在佛教神話中，悉達多·喬達摩（Siddhartha Gautama）放下了妻子、孩子、父親和王國，走進森林想要解決人生苦難的問題。在森林中，他遇到並擊敗欲望魔王「魔羅」（Mara）之後，便成為佛陀。在印度神話中，魔羅是欲望之神「伽摩」，他是天帝因陀羅的朋友。在因陀羅的居所阿馬拉瓦地（Amaravati），可以縱情享受所有的欲望。這就是此地被稱為「天堂」的原因。

然而，因陀羅的內心永無平靜，充滿著不安全感，他擔心自己所有的財寶會被搶走。他沒有信仰，沒有人會為天帝因陀羅建造神廟，但人們會為濕婆神建造神廟，濕婆神一睜開第三隻眼，便將伽摩燒成灰燼。濕婆神的居所凱拉薩（Kailasa）是一座冰雪覆蓋的石頭山，這裡什麼都長不出來，沒有誰可以在這裡活下去。但這不重要，因為在濕婆神的居所，沒有欲望、沒有飢餓，因此也不需要食物。

在濕婆神廟中，濕婆神的身旁總是有女神薩蒂為伴。她顯現為「生門」（yoni），而代表濕婆神的獨立石柱「林伽」（lingam）則立於「生門」之中。濕婆神身為隱士，本應從俗務中抽離，但是薩蒂讓他與大地連結，讓他成了在家居士，讓他從高不可攀的凱拉薩冰峰，下凡到恆河邊充斥著市場和火葬場的城鎮「迦什

國」（Kashi）。在這裡，女神讓濕婆覺察到、並關心那些不像祂自己那樣機靈、有能力和成就的人們，以及這些人有何渴望、飢餓和恐懼。「自己」的存在是要去感受到對方的不足，因而感受到愛，而不是輕視。薩蒂是伽摩珂希（Kamakshi），用她的雙眼喚起欲望。透過她，欲望重生了，在濕婆的身上重生了。薩蒂也是帕拉米塔（Paramita），她透過另一個人來圓滿自己。薩蒂是安娜波那（Annapoorna），她提供食物給所有人，而濕婆是比克沙坦（Bhikshatan），他成了為別人乞討的乞者。他們創造了兩個孩子：豐滿的象頭神甘尼薩與強大的長矛戰士卡爾提凱亞，他們都是濕婆神恩典的化身；祂認可人類為意義與身分認同的奮鬥。

當悉達多·喬達摩最終從森林回來時，他成了一位已開悟的老師，卻不曾將智慧帶入他丈夫、父親、兒子或國王的角色之中。他的智慧帶來的是「分離」這樣的結果。換句話說，他重回人間，卻沒有與世人重新連結。但是在印度史詩中，從森林中回歸後總是會重新連結。《羅摩衍那》的深宮陰謀迫使羅摩遭流放到森林，祂在那裡了解了叢林之道，但最終並不想過這種生活而回歸成為偉大的君王。在《摩訶婆羅多》中，般度五子就是在森林中誕生，後來俱盧族威脅其生命安全時，他們首次返回森林；後來，把江山賭輸之後他們返回森林；在治理象城，開創盛世很長一段時間之後又第三次返回森林。他們每次從森林中回歸，在處理社會事務方面都變得更加有智慧。森林教導佛陀斷絕了所有人際關係，但另一方面，森林卻讓《羅摩衍那》和《摩訶婆羅多》裡的主角們有能力去與人連結，創造更好的人際關係。

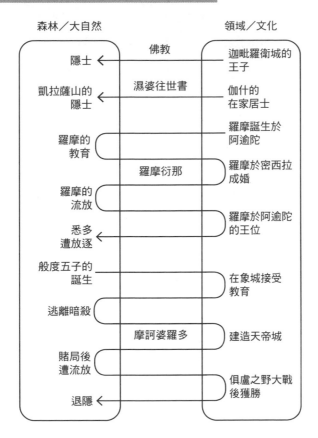

▼佛陀、羅摩與般度五子的「從森林中回歸」

森林／大自然　　　　　　　　　　　　領域／文化

佛教

隱士 ←　　　　　　　　迦毗羅衛城的
　　　　　　　　　　　　王子

凱拉薩山的　　　濕婆往世書　　伽什的
　隱士 ←　　　　　　　　　在家居士

羅摩的　　　　　　　　　　　羅摩誕生於
　教育　　　　　　　　　　　阿逾陀

　　　　　　　羅摩衍那　　　羅摩於密西拉
羅摩的　　　　　　　　　　　成婚
　流放

悉多　　　　　　　　　　　　羅摩於阿逾陀
遭放逐 ←　　　　　　　　　的王位

般度五子的　　　　　　　　　在象城接受
　誕生　　　　　　　　　　　教育

逃離暗殺

　　　　　　　摩訶婆羅多　　建造天帝城

賭局後
遭流放　　　　　　　　　　　俱盧之野大戰
　　　　　　　　　　　　　　後獲勝

退隱 ←

## 三摩地的寓意

　　帕坦佳里的《瑜伽經》中有八個步驟，其內容是有關如何透過身體、呼吸、感官、心念的控制，逐漸從社會事務中退隱並走向「靈性個體」。最後一個稱為「三摩地」的步驟據說是與「無限」的連結。對於隱士而言，三摩地指的是出於自願而離開身體，並與「無限」融合的能力。然而，對於在家居士而言，「三摩地」則有其他的意思，而其線索就在於「三摩地」這個單字本身的結構。

「三摩地」（Samadhi）源自於兩個詞：「三摩」（sama）的意思是印度斯坦古典音樂中樂曲循環的第一拍；「阿砥」（adi）意即最初的起因。隱士的旅程始於從他人身上退隱。在家居士的旅程以重回與他人的連結而結束。這是回到第一拍。這是回歸到最初的起因。這是關於從森林回歸，解脫後又重新連結那些我們過去丟下的人──那些與我們非常不同的人（梵涅槃）。

隱士追求「零」，因此而退隱和遺忘（涅槃），但是在家居士追求的是「無窮」，因此可以去參與在其中，這樣做會讓意識更加提升，以適應周圍人們無窮盡的真理（梵涅槃）。奎師那因此說遵循法性的成果也會有解脫。

> 阿周那啊，與自己和睦相處，對自己感到高興，知道眾生體內有永生者而得啟發，他到處都享有至高無上的幸福。他不認為自己孤單或與世隔絕，而是在所有生命體的幸福中覺察到幸福。那些已超越欲望和憤怒的智者，他無論去到何處，皆處於這種存在狀態。
>
> ──《薄伽梵歌》第五章第二十四至二十六節（意譯）

▼回歸到最初的起因

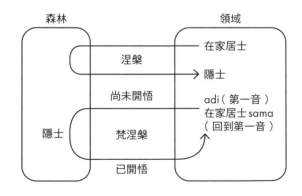

## 天堂、凱薩與毗恭吒

如果說因陀羅的天堂是縱情於滿足欲望、滿足飢餓和恐懼，而濕婆神的天堂凱拉薩山是戰勝欲望、飢餓和恐懼，那麼毗濕奴的天堂毗恭吒則是藉由觀察他人的欲望、飢餓和恐懼而發現嶄新視角，並得以擺脫自我的欲望、飢餓和恐懼。

毗恭吒位於無邊無際的牛奶之洋之中。牛奶之洋是對大自然的一種隱喻，它的無邊無際是在表明它沒有目的，也沒有終點；而牛奶的意思是指，一切財富說到底，都是從大自然中提取出來的。毗濕奴在這裡沉睡，直到大地女神的吶喊喚醒了祂，讓祂觀看各個人類社會的興衰，看到神眾與阿修羅都企圖要操控這個世界，而彼此之間互有勝敗。毗濕奴以擁有不同品德的化身降臨這個世界，目的就是要幫助每個人了解大自然的現實和人類的潛能。

毗濕奴不僅是救世主，祂也是存在中各種滋味的享受者（rasika）。祂的神廟裡有舞廳、美食廳、聚會堂和婚禮廳，這些都與各種美好的音樂、香味和服飾有關聯。

不同於獨立的濕婆神是因為薩蒂女神而變得需要依賴別人，毗濕奴是在以羅摩和奎師那的化身降臨時，才表現出脆弱以及對他人的依賴。因為他人也想感到有力量、有價值，而這種情況唯有在「自己」有去「用到對方」時才會發生。我想要「你是需要我的」。如果你不需要我，只是一直給我，卻不從我這裡拿走東西，我就會感到不恰當、沒意義、沒價值，而且毫無益處。因為你需要我，所以你便照亮了我，並促成了我的圓滿。同樣地，你也想要「我是需要你的」。如果我不需要你，如果我既依賴你，卻又表現出超然公正不偏心，那麼你就會感到受辱、受傷，覺得自己很多餘，而我則會顯得高人一等似的。

兩邊都沒有收到所賜予的智慧

給阿修羅的
恩惠

給神眾的
救主

梵天

　　從毗濕奴在《羅摩衍那》、《薄伽梵往世書》和《摩訶婆羅多》
裡的故事可以得知他多次誕生、死亡，甚至心碎的經歷。羅摩和奎
師那都表現出人類的情感，嚮往心愛的人。雖然身為神的化身，羅
摩不能與悉多相知相守，奎師那不能與蘭妲朝朝暮暮，然而，他們
並沒有因此而痛苦、憤怒或生出復仇心。祂們的愛是無條件的。

　　神要盡其所能，才能不比對手遜色，這種「神有弱點」的觀念
是印度教獨有的。雖然原始佛教的智者佛陀變成後世佛教的慈悲菩
薩，與之互相輝映的則是隱士濕婆神變成在家居士商羯羅，但像毗
濕奴這種同時是君王，又是隱士兼情人，不僅在乎他人，還很需要
他人的這種概念，是毗濕奴神話的一大特色。

　　毗濕奴的化身羅摩拋棄了悉多，他的另一個化身奎師那拋棄了
蘭妲，但是這兩位女性都不曾怨恨過他，她們也是無條件地愛著
祂。無論哪種情況，愛都不能保證幸福。無論哪種情況，愛都不
會顯現為控制。愛的回報就是愛這件事本身，愛是人性可能發揮到
的最極致表現。那就是在做這件事時便感到圓滿，而不是期望得到

從隱士轉變為在家居士

回報，也就是在第三章第七節中所提到的「靈之喜樂」。這就是在第二章第七十二節中提到的「安住於梵的境界」（Brahma-sthithi）的成果，也就是在理解人類所想像的東西時仍能堅定地前進。接著，在第十一章第三十三節中提到的，接受自己「只是工具」，也就是在一個更大格局裡扮演著達成某種目標的工具。

▼天堂、凱拉薩與毗恭吒的分別

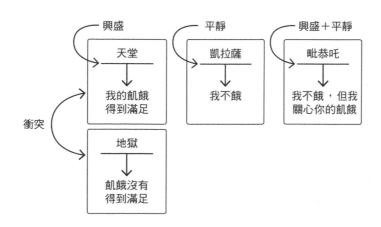

## 看見自己，看見內在

是佛教把閉起雙眼做冥想的隱士修鍊普及化，而往世書時期的印度教，則普及了在家居士睜開雙眼「看見」（darshan）神廟裡神像的作法。前者的重點在於內在旅程，後者的內在旅程即是用來讓外在旅程更為順利。

佛教「涅槃」的概念能讓人免於苦難，是在於人能領悟到連「自我」（假我）的概念也是由「心念」所製造出來的。《薄伽梵歌》裡關於「梵涅槃」的概念則使人們覺察，也同情他人的那些「人為焦慮」、那些要掌控、支配和執著的需求，以及明明有能力，而且是天生就有這個能力放手，卻怎麼也無法放手。我們愈不帶批判地觀察他人，就愈能在他們這面鏡子之中看見自己，於是領悟到我們因正在放縱那個造作出來的「假我」而產生的「人為焦慮」。

> 阿周那啊，永遠覺知著內在和外在的神，並與神連結的人，將永遠平靜幸福。
>
> ——《薄伽梵歌》第六章第十五節（意譯）

一般說來，我們都在這個世界裡受困著，其中我的財產和你的財產之間也存在著衝突。我把自己所擁有的財產與你所擁有的財產進行比較，因此，有如般度族和俱盧族之間的競爭、衝突於焉展開。然而，在我看著你的「假我」、飢餓和恐懼，亦即由以上三者所構成的「你以為的你」，並且也看著構成「我以為的我」的「假我」、飢餓和恐懼時，我便開始「看見」了。這就是奎師那要求阿周那去做的。唯有如此，我們才能找到瀰漫在一切眾生以及萬事萬物裡的「靈性個體」無窮盡、無生死、永恆平靜。

▼《薄伽梵歌》之旅

| | 假我 | 財產 |
|---|---|---|
| 自己 | 我的不安全感 | 我的財產 |
| 他人 | 你的不安全感 | 你的財產 |

換句話說,「看見他人」會引領你「看見自己」。「看見外在」會引領你「看見內在」。這是關於「靈性個體」的知識,也是讓我們能夠接受,甚至能超越自我焦慮,而對自己更仁慈,對他人更仁慈,甚至也對敵人更仁慈的自我覺知。

在此,由我向你揭示出《薄伽梵歌》的這個承諾。

你我可以在不設法控制對方行為的情況下
經營彼此的關係嗎?
我們可以互相幫助以消除飢餓和恐懼嗎?
如果可以,我們便是走在「梵涅槃」的道路上。
當我們是從內在而不是外在獲得喜悅時,
我們就走在「靈之喜樂」的道路上了。

結語

# 寫在本書之後
# 奎師那的另一篇講道

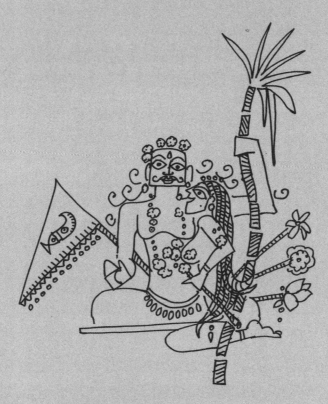

《欲望之歌》

在《薄伽梵歌》之後，還有欲望之神的《欲望之歌》（Kama Gita），以及《薄伽梵歌》後續的《薄伽梵歌續篇》（Anu Gita），這些都是由奎師那講述的。以下是這些作品的由來。

奎師那在《薄伽梵歌》最後總結時，問了阿周那是否聽清楚祂所說的話，以及是否釐清了困惑？阿周那回答「是的」。

> 奎師那啊，因你的恩典，我不再迷惑或猜疑。我記得
> 自己應該要做什麼。我很堅定。毫不懷疑。我將按照
> 你所說的去做。
> ——《薄伽梵歌》第十八章第七十三節（意譯）

於是，阿周那吹響了海螺宣戰，並讓奎師那駕著戰車，領他進入戰場。奎師那的觀點讓阿周那找回人生的清楚焦點，這份清楚取代了困惑，行動取代了困頓。結局是好的話，一切都很好。

至少，我們是這麼想的。

但是隨著戰事的發展，阿周那還是會反覆不斷地表現出懷疑、絕望和困頓的時刻。儘管奎師那一再鼓勵他，但他卻無法動手擊斃有如父親一般的毗濕摩、他的老師德羅納，以及手無寸鐵站在他面前的迦爾納。

即使是在戰爭結束後，種種疑慮依然存在。

在《摩訶婆羅多》第十四篇〈馬祭篇〉（Ashwamedika Parva）中，阿周那無意中聽到奎師那向他的長兄堅戰講述了篇幅很短的《欲望之歌》：

「堅戰，來聽聽欲望之神伽摩是怎麼說他自己的吧。企圖用武器消滅欲望的人最終會渴求那些武器。企圖用慈善消滅欲望的人最終會渴求得到慈善。企圖用經書消滅欲望的人最終會渴求經書。企圖用真理消滅欲望的人最終會渴求真理。企圖用苦行消滅欲望的人最終會渴求苦行。企圖用棄絕消滅欲望的人最終會渴求棄絕。欲望無法被消滅，但是可以把欲望置於法性中好好地充分利用。因此，藉由追求法性來消除欲望吧。你最終會渴求法性！這對整個世界都有益處，因為你會開始愈來愈多地與人交流，為世界帶來繁榮興盛，在此過程中讓自己從所有責任中獲得解脫，也讓他人能夠付出而不期待回報。」

然後，當奎師那即將前往鐸卡（Dwaraka）時，阿周那走到祂身旁，並懇求祂再講一次大戰一開始時祂所說的話。「真的嗎！」奎師那對這個請求感到驚訝，甚至有些惱怒了。「你想讓我回想起當初我所說的一切嗎？當時的我處在一個充滿聖靈的緊要時刻。當時的我處於全然覺知的狀態，我與全世界以及我的一切潛能有著充分連結。但那一刻已經回不去了。」

然而，奎師那仍然講述了《薄伽梵歌續篇》，也收錄在《摩訶婆羅多》第十四篇的〈馬祭篇〉當中。《薄伽梵歌續篇》所提供的知識是次要的。奎師那回憶起三段對話：第一段是聖人迦葉波（Kashyapa）與博學的婆羅門之間的對話，第二段是婆羅門與妻子之間的對話，第三段是婆羅門與他的學生之間的對話。這些對話都很長，有三十六章，是《薄伽梵歌》的兩倍之多，但論理並沒有那麼地清楚。在這些內容當中，對智慧的追求被描述為從一個隱喻森

林走到另一個隱喻森林的旅程。就像《屠夫之歌》和《薄伽梵歌》一樣，都提到了有智慧的密西拉國王佳納卡，他是奧義諸書的支持者，也是《羅摩衍那》中的悉多皇后之父。奎師那講完後，希望透過分享這三段關於古代聖人的對話，阿周那可以重新獲得《薄伽梵歌》的知識。然後祂便離開了。

《薄伽梵歌續篇》與大多數的「吉塔」（歌之系列）一樣，也是詳細闡述行動和知識，卻不講奉愛。或許阿周那在戰場上情緒崩潰，這產生了一種新的需求：一個情感上的靠山，信任外在的某人，某個比周圍的所有人、所有事更大的人，某個無條件地給予自己支持和關心的人。換句話說，那就是「神」！奎師那在《薄伽梵歌續篇》中並沒有以薄伽梵自居，儘管當兩人前往鐸卡時，阿周那確實在《薄伽梵歌續篇》的最後一章中仍然尊奎師那為薄伽梵。

《摩訶婆羅多》幾近尾聲時，我們知道由奎師那本人親自多次傳述的吠陀智慧，阿周那都是以學生的身分接受了這些知識，但由於他的不安全感和傲慢所積累的缺失，死後仍是落腳於地獄。他必須待在那兒直到淨化完成為止，然後才能升上天堂，也就是他父親因陀羅的天堂。但即使待在天堂也是無常的，一旦功德用罄，還是得離去。毗濕奴的毗恭吒仍是難以企及的。

阿周那可能是《摩訶婆羅多》的英雄、奎師那的同伴、《薄伽梵歌》的學生。奎師那是那羅延時，阿周那是祂的那羅。但他不會因此就完美無瑕，俱盧之野一戰之後的世界狀況也遠非完美。在傳統說法上，其實俱盧之戰透出了「鐵器年代」到來的曙光。「鐵器年代」是文明發展最後的一個年代，此年代結束之時便是世界末日。奎師那的介入就這麼多！

對完美的渴望源自於控制欲，想要讓這個世界按照我們的意思運轉，想要創造出一切都對我們有意義的象牙塔。因為渴望完美，

我們就必得判定這個世界有問題需要解決，有混亂需要重整，有疾病需要治療，有污染需要淨化。因為渴望完美，我們就假設這世界需要達到高潮、幸福的結局，否則的話，人生就是一場悲劇。這些是有限故事的特徵，也就是說，人只活一次。

▼有限故事的高潮

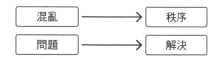

英文單字「完美」（perfect）在梵語或任何印度語言中，並無相對應的詞彙。印度語彙中和「完美」最接近的單詞是「上乘」（uttam）和「完整」、「完全」（purnatva），這也提醒了我們「伊甸園」並不是印度教的概念。印度教也沒有像亞伯拉罕神話那種「從完美墮落」。印度文化也不是像希臘神話那樣有一段從混亂進入到秩序的旅程。我們最多只能在這段從「有限的真實」到「無窮無盡的真實」的旅程當中，持續擴展自己的心念，不斷獲得更多的理解。雖然說別人的業力會影響我們的人生，卻也不是你希望它不存在，它就不會存在的，一旦覺悟到這點，智慧便開啟了。這一點在《羅摩衍那》中所描述的「羅摩的完美王國」（Ram Rajya）這個概念中尤為明顯。

在「羅摩的完美王國」裡，一切都可以預見，全體都很純潔，所有的願望都會實現，人人都能得到照顧。但是，因為有個名叫「桑布卡」（Shambuka）的「低種姓」男子想要放棄家傳的職業，成為隱士，導致後來有個婆羅門的兒子英年早逝。人們也都在對悉多曾遭拉瓦納扣留在其皇宮內院，甚至有一名洗衣工還說這件事情

實在是玷污了「拉古」皇族的聲譽。羅摩完全無法掌控他人的這些欲望和惡意。爲了回復完美，祂必須做出可怕的事情：殺死無辜的隱士，也放逐自己無辜的妻子。粉碎隱士的志向，拋棄摯愛的忠貞皇后，只爲了讓其他人覺得世事還是可以預知，人性仍然純白無瑕。這些事情是證明了爲求完美必須付出的可怕代價。身體和心理上的暴力會產生更多的業力漣漪，最終形成激流沖擊著人爲所創造的完美。桑布卡的吶喊與悉多的痛苦是「羅摩的完美王國」外在的夢魘。「羅摩的完美王國」最後變成了「戰事之地」，遭到那些「被排斥者」的圍攻，就好像因陀羅的「天堂」讓憤怒的阿修羅重重包圍那樣。

「銀器年代」最後還是爲「銅器年代」所取代，到了銅器年代，像毗濕摩和迦爾納這些正人君子也會允許俱盧族這樣的勢力蓬勃發展，而即使奎師那本人住世之時，也有像堅戰這樣誠實的人，會在賭局中輸掉江山還有妻子。

既然《羅摩衍那》和《摩訶婆羅多》都沒有喜劇的結局，這樣可否說它們是悲劇？想要對這類史詩進行分類，這種企圖本身就帶有批判性，也違背了寫下這類史詩的原初精神。這兩部印度史詩都是以其主人翁離世而告終：羅摩在《羅摩衍那》第七篇離世，而奎師那在《摩訶婆羅多》第十六篇〈杵戰篇〉（*Mausala Parva*）中離世；阿周那在第十七篇中離世。羅摩是走進薩拉尤河（Sarayu），奎師那則爲一支射偏的箭所害。祂們倆在肉體死亡時，臉上都有一抹微笑，因爲祂們都知道死亡不是終點：下一世正等著呢。另一方面，阿周那則是在攀爬聖山時失足滑倒，並且因未能登入天堂而在失望中死去。

▼印度史詩的起點與終結

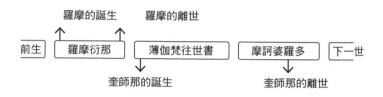

《薄伽梵歌》並不追求完美。因此，《薄伽梵歌》講的不是規則，而是三種與人建立關係的路徑：行動瑜伽、奉愛瑜伽、知識瑜伽，這些內容是有關人類行為、人類情感，以及人類的身分認同。這三條路徑相互依存，少了其中一個，另外兩個也無法存在。不做行動瑜伽，我們和他人之間就沒有「施與受」的交流。不做奉愛瑜伽，我們就成了對他人毫無感覺的機器。不做知識瑜伽，我們就會失去價值、目的或意義。不去做，也不去了解是成不了「知識瑜伽行者」（gyani）的。不去做，也不去感受是成不了「奉愛瑜伽行者」（奉獻者）的。不去感受，也不去了解是成不了「行動瑜伽行

▼相互依存的三種瑜伽之道

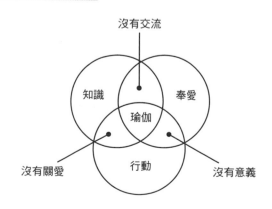

者」（karmi）的。想要把「雙手」（行動）的功能做最好的發揮，是要看「頭腦」（知識）和「心」（奉愛）而定的。眞正的瑜伽行者在感覺和理解當中，同時也在行動。

奎師那爲阿周那指出這三條道路，就好像母親在孩子面前備置了三種食物一樣。阿周那可以選擇自己想吃的東西，或他的身體渴望的東西。但無論他吃了什麼，他都無法控制消化的過程，以及他的身體最終會吸收哪些東西。最終的結果不僅取決於他的意願，也取決於他的物質屬性，當然也取決於他必得去經歷的一切（業力）。因此，當阿周那一而再、再而三地表現出疑慮和絕望時，奎師那不曾失望過。事情自然就會是它應該有的樣子。

> 阿周那啊，有些人透過冥想和內省來發現神，有些人透過邏輯和分析來解密，有些人是透過活動去體驗，還有些人是透過聽別人介紹得知。人人都能夠克服對死亡的恐懼。
> ──《薄伽梵歌》第十三章第二十四和二十五節（意譯）

奎師那知道，在一個沒有界線的世界裡，機會總是有的，而且一直都會有。

# 推薦書目

---

可以了解《薄伽梵歌》字面意義，無評注但有趣易讀的譯本：

- Debroy, Bibek. *The Bhagavad Gita.* New Delhi: Penguin Books India, 2005.

- Nabar, Vrinda and Tumkur, Shanta. *The Bhagavad Gitā.* Hertfordshire, UK:Wordsworth Classics, 1997.

- Menon, Ramesh. *The Shrimad Bhagavad Gita.* Delhi: Rupa Publications, 2004.

- Miller, Barbara. *The Bhagavad-Gita.* New York: Bantam Press, 1986.

保留住《薄伽梵歌》詩意精神的易讀譯本：

- Rao, Mani. *Bhagavad Gita.* New Delhi: Penguin Books India, 2011.

- Mitchell, Stephen. *Bhagavad Gita.* London: Random House, 2000.

有逐句翻譯及評論的《薄伽梵歌》譯本：

- Easwaran, Eknath. *The Bhagavad Gita.* Mumbai: Jaico Publications, 1997.

- Sivananda, Swami. *Bhagavad Gita.* Divine Life Society Trust, 2008.

- Radhakrishnan, S. *The Bhagavadgita.* Delhi: HarperCollins India,2008.

了解《薄伽梵歌》的歷史：

- Davis, Richard. *The 'Bhagavad Gita': a Biography*. Princeton, USA: Princeton University Press, 2016.
- Desai, Meghnad. *Who Wrote the Bhagavadgita: a Secular Inquiry into a Sacred Text*. Delhi: HarperCollins India, 2014.


可以了解吠陀經典、往世書及其他印度教文獻：

- Agarwal, Satya P. *Selection from the Mahabharata: Reaffirming Gita's call for good of all*. New Delhi: Motilal Banarsidass, 2002.
- Dange, Sadashiv Ambadas. *Encyclopaedia of Puranic Beliefs and Practices, Vol: 1–5*. New Delhi: Navran, 1990.
- Flood, Gavin. *An Introduction to Hinduism*. New Delhi: Cambridge University Press, 1998.
- Frawley, David. *From the River of Heaven*. New Delhi: Motilal Banarsidass, 1992.
- Jaini, Padmanabh S. *The Jaina Path of Purification*. New Delhi: Motilal Banarsidass, 1979.
- Mani, Vettam. *Puranic Encyclopaedia*. New Delhi: Motilal Banarsidass, 1996.
- Stall, Frits. *Discovery of the Vedas*. New Delhi: Penguin Books India, 2008.
- Zimmer, Heinrich. *Myths and Symbols in Indian Art and Civilization*. New Delhi: Motilal Banarsidass, 1990.


了解想像力和語言（梵）在人類文明發展中的關鍵角色：

- Coupe, Lawrence. *Myth [The New Critical Idiom Series]*. London:

Routledge, 1997.

- Harari, Yuval Noah. *Sapiens: A Brief History of Humankind.* London: Harvill Secker, 2014.

- Pagel, Mark. *Wired for Culture.* London: Penguin Books UK, 2012.

# 英中譯名對照表

## A

a-chara 不動的

Achyuta 阿丘塔，永不變化的

adharma 非法性

Adhiyajna 阿迪雅格，鼓勵生命體從事火祭的超靈

adhyatma 原初靈性個體

adi 阿砥，最初的起因

adi-bhuta 物質

adi-daiva 原初身體

Adideva 阿迪戴瓦，第一位至尊神

Adikarta 阿迪卡爾塔，最初的造物主

Adityas 阿帝提亞

adi-yagna 原初連結

advaita 吠檀多不二論

*Agama* 《阿含經》

agni 外在之火

Ahalya 阿哈麗雅

aham 假我

ahara 食物

Ahistorical approach 非歷史思想學派

Airavata 艾拉瓦塔

a-jiva 無生命的

Ajivikas 阿耆毘伽教徒

Akash 天空

akshaya 不朽

Aldous Huxley 阿道斯‧赫胥黎

Amitavikrama 阿密塔維克拉瑪，力量無可估量

ananda 至福

anadi 無始

ananta 什麼都要、無窮大、無終

Ananta 阿難達

Ananta-rupa 阿難達如帕，無窮盡的形相

Ananta-virya 阿難達維爾雅，無窮盡的力量

anatta 無我（巴利語）

Anga 盎迦國

anikka 人事無常

anna 食物

anna-kosha 食物容器

Annapoorna 安娜波那

*Anu Gita* 《薄伽梵歌續篇》

anu-bhava 覺受

anuṣṭubh 四行詩

a-paurusheya 並非源自於人類

Aprameya 阿菩拉美雅，難以理解、深

brahmachari 貞守生時期
brahmacharya 學生、貞守生
brahmana 至上本體
brahma-nirvana 至上涅槃、梵涅槃
Brahma-sthithi 安住於梵的境界
Brahmi script 婆羅米系文字
Brahminism 婆羅門教
Brahmins 婆羅門、祭司
Brihaspati 祭主仙人
buddhi 智力

## C

Carl Jung 卡爾・榮格
chaityas 制多、祈禱大廳
Chakradhara Swami 查克拉德・斯瓦米
Chandragupta Maurya 月護王
chara 會動的
Charles Wilkins 查爾斯・威爾金斯
chatur-varga 四類活動
Chidratratha 祈陀拉塔
Chitargupta 奇塔古普塔，閻王殿錄事
chitta 情感（心靈）、情緒、心念
chitta-kosha 意識容器

## D

daan 布施
Daksha 達剎
dakshina 償還
darshan 觀見、看見
Dasharatha 十車王
Dasopant Digambara 達叟潘特・迪甘巴拉
deha 身體、永生者的居處

dehi 體內永生者
Deva 天神、半神人
devadasis 寺廟舞者
Devadeva 戴瓦戴瓦，神眾之神
Devaki 提婆姬
Devata 神眾、神靈
Devavara 戴瓦華拉，無上的至尊神
Devesha 戴瓦沙，神眾的控制者
Devi Gita 《女神之歌》
dharana 覺知
dharma mythologies 法性神話
dharma 法、法性
dharma-kshetra 法性之地、正法之野
dhayana 專注
Dhristadhyumna 猛光
Dhritarashtra 持國
dhruva 穩定
dhyana 冥想
Draupadi 德羅波蒂、黑公主
Drona 德羅納
Drupada 木柱王
Duryodhana 難敵
dvaita 吠檀多二元論
Dvapara yuga 銅器年代
Dvapara 奮鬥
dvesha 憎惡、排斥、討厭
Dwaraka 鐸卡
Dyaneshwara 嗲內須瓦拉

## E

Edwin Arnold 艾德溫・阿諾德
Elysium 極樂天堂

## G

Gaia 蓋亞

Gajendra 眾象之王加金德拉

Gandhari 甘陀利皇后，俱盧族的母親

gandharvas 歌仙、乾闥婆

*Ganesha Gita* 《象頭神甘尼薩之歌》

Ganesha 象頭神甘尼薩

Ganga 恆河

Gautama 喬達摩族

Gayatri 嘎雅垂曼陀

*Gita Govinda* 《戈文達之歌》

Gita 歌（吉塔）

Gitas 歌（吉塔）之系列

Gokul 戈庫爾

gopikas 牧牛姑娘們

Govind Mishra 戈文達・米盧拉

Govinda 戈文達，牧牛少年、牛群的
　看守者

grihastha 在家居士

guna 物質屬性

Gunas 屬性

Gupta 笈多王朝

guru 靈性導師

Guruvayur 古魯瓦約奧爾

gyana yoga 知識瑜伽

gyana 知識、所講述的內容

gyana-indriyas 知覺器官

gyana-kosha 信仰容器

Gyaneshwara 簡恩內須瓦拉

gyani 知識瑜伽行者

## H

*Hansa Gita* 《天鵝之歌》

Hanuman 猴神哈努曼

Hari 哈里，拿走祂的奉獻者所有悲傷

*Harita Gita* 《退休者之歌》

*Harivamsa* 《哈里傳承》

Hastinapur 象城

havan 獻供

Hindu Trinity 印度教的三位主神

Historical approach 歷史研究學派

Hrsikesha 慧希凱施，感官的主人

## I

Ikshvaku 甘蔗王、首位君主依科施瓦
　庫

Indra 天帝因陀羅

Indra-prastha 天帝城

indriya-go-chara 感官比喻為母牛

indriyas 器官

Indus 印度河

Indus-Saraswati 印度河－薩拉斯瓦蒂
　河

*Isha Upanishad* 《至尊奧義書》

Isha 依沙，控制者

Ishvara 依盧瓦拉，上主

Ishwara 控制者

Itihasa 現場歷史

## J

J. Robert Oppenheimer 羅伯特・歐本海
　默

Jagad mithya, brahma satya 這世界是海
　市蜃樓，唯神為真

jaga-mohana 聚會堂

Jagannivasa 佳嘎尼瓦沙，宇宙居所

Jagatpati 佳嘎帕提，宇宙的主人
Janaka 佳納卡王
Janardana 迦那丹那，成功與解脫的控
　制者
Jarasandha 妖連，剛沙王的岳父
jiva-atma 個體靈魂

# K

Kaikeyi 吉迦伊
Kailasa 凱拉薩
Kala 卡拉，時間
Kali yuga 鐵器年代
Kali 衰落
kalpa 劫
*Kalpa-Sutras* 《儀軌經》
kalyana-mandapa 婚禮廳
*Kama Gita* 《欲望之歌》
kama 欲、情欲、欲望
Kama 愛神伽摩
Kamadhenu 如意神牛
Kamakshi 伽摩珂希
Kamalapatraksha 卡瑪拉帕澤夏，好似
　蓮葉般的眼睛
Kansa 獨裁者剛沙王
Kanvas 甘婆王朝
kapi 猴
kapi-dhvaja 猴神法幢
Kapila 聖人卡皮拉
karana-sharira 社會層、社會體
karma yoga 行動瑜伽
karma 行動、業、業力、業報
karma-bija 業因、業種
Karma-indriya 行動器官
karma-phala 業果

karmi 行動瑜伽行者
Karna 迦爾納
Karnataka 卡納塔克邦
Kartaviryarjuna 卡塔維亞阿靖
Kartikeya 卡爾提凱亞
Kashi 迦什國
Kashyapa 聖人迦葉波
Kauravas 俱盧族
Kerala 喀拉拉邦
Keshava 凱沙瓦，殺死惡魔卡西的人
Kesinishudana 凱辛尼蘇丹那，殺死惡
　魔卡西的人
Khandava-prastha 甘味林
Kichaka 空竹
kirata 克拉底人，喜馬拉雅山區部落土
　著
Kishkinda 基什欽達
kliba 懦夫
Krishna 奎師那，最有吸引力的人
Krishna-bhakti 奎師那－巴克提，對奎
　師那的奉愛
Krita yuga 金器年代
Krita 純眞
krodha 憤怒
Kshatriyas 刹帝利、統治者
kshetra 土地、財產、刹土
kshetragna 財產擁有者
kshetri 財產的主人
kshudha 飢餓感
Kubera 財神俱毗羅
Kumbhakarna 昆巴卡納
Kunti 貢蒂皇后，般度族的母親
Kuru-kshetra 俱盧之野
Kushanas 貴霜王朝

pranayam 呼吸法

prani 呼吸者

Prapitamaha 菩拉匹塔瑪哈，祖先

prasad 祭餘

Pratyahara 收攝感官

prema 純粹之愛

priyo-si-me 我非常親愛的人

Proto Hinduism 原始印度教

Proto-historical approach 原始歷史學派

puja 敬拜神眾

punar-janma 反覆投生

punya 功德、善行、帶來幸運的業力

Purana 往世書

Puri 普里

purna-avatar 圓滿化身

purnam 涵蓋一切而且完整的狀態

purnatva 完整、完全

*Purusha Sukta* 《原人歌》

purusha 至上意識

purusha-artha 有意義的追求

purusha-medha 肢解人類及動物作爲牲禮

Purushottama 菩如首塔瑪，至尊神、至尊人

# R

Radha 蘭妲

Radha-bhakti 蘭妲的奉愛

raga 吸引、貪戀

Raghu 拉古皇族

rajas 激情

rakshasa 羅刹、惡鬼

*Ram Gita* 《羅摩之歌》

Ram Rajya 羅摩的完美王國

Ram 羅摩

Ramanuja 羅摩奴遮

Ram-dasa 羅摩的僕人

rana-bhoomi 戰場

Ranga-bhoomi 表演舞臺

Ranga-natha 表演之王

rasa 情感、滋味

rasa-mandala 環形舞蹈隊形

rasika 享受者

Ravana 羅波那

Renuka 蕾奴卡

*Rig Veda* 《梨俱吠陀》

rishis 聖哲

riti 傳統

rudras 魯鐸

Rukmini 豔光

# S

Sagara 薩加拉，羅摩的先祖

sa-guna 有形體的

sa-guna-brahman 有形相的梵

Sahasrabahu 沙哈盧若巴護，傳奇戰士

Sahasrakavacha 迦爾納的「千副盔甲」

sa-jiva 生命體

Sakha 紗柯哈，密友

*Sama Veda* 《娑摩吠陀》

sama 三摩，印度斯坦古典音樂中樂曲循環的第一拍

Samadhi 三摩地

samhita 集結

*Sampaka Gita* 《祭司之歌》

samsara 生死輪迴

samskara 對過去行動的記憶、印象

sam-vaad 對話

sanatana 永恆
sanity 清明
Sanjaya 全勝
sankalpa 意願、願望
sankhya 分析、數論
sanskriti 文化、文明
sanyasa 棄絕者時期
sanyasis 棄絕者
Sarayu 薩拉尤河
Satavahanas 百乘王朝
sattva 善良
satya 眞理、無窮無盡的眞實、絕對眞理
Satyabhama 眞光皇后
shabda 語音
shabda-brahmana 超然音聲
Shakti Ishwara 薩蒂
Shakuni 沙恭尼
shaligrama 聖石
Shalya 沙利耶，難敵的舅父，迦爾納的戰車御者
Shambuka 桑布卡
Shankara 商羯羅
Shankardev 尙卡戴夫
Shantanu 福身王
Shanti Parva 〈平靜篇〉、〈和平篇〉
*Shiva Gita* 《濕婆之歌》
*Shiva Purana* 《濕婆往世書》
Shiva 濕婆
shraddha 信仰
shramana 沙門
*Shreemad Bhagavatam* 《聖典薄伽瓦譚》
shri 財富
shringara bhava 結合的情感
Shudras 首陀羅、勞工

Shukra 太白仙人
shunya 什麼都不要、零
Siddhartha Gautama 悉達多·喬達摩
siddhi 神通、成就
Sigmund Freud 西格蒙德·弗洛伊德
Sita 悉多
smriti 記憶
Sri Aurobindo 斯瑞·奧羅賓多
sthula-sharira 物質層、物質體
Sudama 蘇達瑪
Sugriva 蘇格里瓦
sukshma-sharira 精神層、精神體
sukta 讚美詩
Sungas 巽伽王朝
Surasa 海怪蘇若莎
Surpanakha 蘇潘娜卡
Surya 太陽神蘇利耶
sva-dharma 個體法性
Svaha 娑婆訶
Swarga 天界
swayam-bhu 自我創造的

## T

ta-gi / tyagi 放下財產的人
tamas 愚昧
Tamil Nadu 坦米爾納杜邦
tanha 欲望（巴利語）
Tantra 譚崔
tapa 內在之火、塔巴
tapasvi 修苦行者
tapasya 苦行
Tathastu 就這樣吧
Telugu 泰盧固語
Titans 泰坦族

Treta yuga 銀器年代
Treta 成熟
tri-bhanga 三折肢
Tri-guna 物質三重屬性
tri-varga 三類追求
Tukaram 涂卡拉姆
tulsi 圖爾希

# U

Uchhaishrava 烏柴刷瓦
uddhar 提升
Uddhava 烏達瓦
Udupi 烏杜皮
Ugrarupa 烏格拉如帕，相貌可怕的
Upanishad 奧義書
upasana 崇拜
Uranus 天空之神烏拉諾斯
uttam 上乘

# V

Vaikuntha 毗恭吒，毗濕奴的天堂
Vaishyas 吠舍、農商牧
Vali 瓦利，天帝因陀羅的兒子
Vana Parva 〈森林篇〉
vana 森林
vanaprastha 雲遊者時期
va-nara 次於人類
vanaras 猴族
varna 天賦資質、類別、階級
Varsneya 瓦師內亞，瓦師尼氏族的後裔
Varuna 伐樓納
*Vasishtha Gita* 《聖哲極裕仙人之歌》

vasudaivah kutumbakam 全世界都成為一家人
Vasudeva 瓦蘇戴福，瓦蘇德瓦王的兒子
Vasuki 瓦蘇柯依
vasus 瓦蘇
vatsalya bhava 父母之愛
Vayu 風神伐由
Veda 吠陀
*Vedanta sutras* 《吠檀多經》
Vedantic Hinduism 吠檀多印度教
*Vichaknu Gita* 《國王之歌》
Vidura 維杜羅
vidya 知識
vi-gyana 智慧、所聽進去的內容
vi-gyana-kosha / buddhi-kosha 智慧體
vihara 精舍、寺院
vijaya 成功、勝利
viparit-bhakti 顛倒之愛
viraha bhava 離別的情感
Virata 毗羅吒
virat-swarup 宇宙形相、祂擴展的形相
*Vishnu Purana* 《毗濕奴往世書》
Vishnu 毗濕奴，印度三相神之一，主掌宇宙的維護
vishwa-rupa 無限的宇宙形相
Visvamurti 毗濕瓦穆爾提，以各種形式存在
Visvarupa 毗濕瓦如帕，宇宙全能形相
Visvesvara 毗濕瓦維拉，宇宙的主人
Vittha-ai 維塔爾之愛、維塔爾媽媽
Vitthal 維塔爾
vi-vaad 爭議
Vivasvate 太陽神維瓦司萬
viveka 明辨

vi-yoga 斷、離

Vrinda-vana 溫達文

*Vritra Gita* 《魔之歌》

*Vyadha Gita* 《屠夫之歌》

Vyasa 毗耶娑

## Y

Yadava 雅度族，雅達王的後裔

yagna 火祭、祭祀

yagna-patnis 主祭者的妻子們

yajamana 主祭者

Yajna 雅格亞，毗濕奴的化身之一、火
祭的主人

*Yajur Veda* 《夜柔吠陀》

yaksha 夜叉

yama 持戒

Yama 閻王閻摩

Yamuna 亞穆納河

Yashoda 雅修達

yoga 綜合、瑜伽、連結

*Yoga-Sutra* 《瑜伽經》

Yogesvara 瑜伽依虛瓦拉，瑜伽的控制
者

yogi 瑜伽師

yoni 子宮、生門

yonija 從子宮出生的人

Yudhishtira 堅戰

yuga 年代

# 中英譯名對照表

## 二劃

人生階段 ashrama
人事無常 anikka
人類 nara
《八曲仙人之歌》 *Ashtavakra Gita*
十車王 Dashratha

## 三劃

三折肢 tri-bhanga
三摩 sama
三摩地 Samadhi
三類追求 tri-varga
上乘 uttam
土地、財產、剎土 kshetra
大力羅摩 Balarama
大力羅摩・達斯 Balarama Das
大自然、物質能量 prakriti
大魚吞小魚法則 matsya nyaya
《女神之歌》 *Devi Gita*
子宮、生門 yoni
工具 nimitta

## 四劃

不安全感 matsarya
不朽 akshaya
不是從子宮出生的 a-yonija
不動的 a-chara
五種火祭 pancha-yagna
什麼都不要、零 shunya
元素 bhutas
內在之火、塔巴 tapa
六個敵人 ari-shad-varga
分析、數論 sankhya
反覆投生 punar-janma
天上之河曼達基妮 Mandakini
天空 Akash
天帝城 Indra-prastha
天界 swarga
天神 Deva
《天鵝之歌》 *Hansa Gita*
太白仙人 Shukra
孔雀王朝 Mauryas
巴爾・甘格達爾・提拉克 Bang
　　Gangadhar Tilak
戈文達 Govinda
戈文達・米盧拉 Govind Mishra
《戈文達之歌》 *Gita Govinda*

安娜波那 Annapoorna
寺院 mathas
寺廟舞者 devadasis
年代 yuga
成功、勝利 vijaya
成熟 Treta
收攝感官 Pratyahara
有九個城門的城市 nava-dvara-pura
有形相的梵 sa-guna-brahman
有形體的 sa-guna
有限的真實、虛妄 mithya
有意義的追求 purusha-artha
有罪的業力、惡行 paap
次於人類 va-nara
百乘王朝 Satavahanas
自己人、我自己的 mama
自我創造的 swayam-bhu
至上 param
至上本體 brahmana
至上涅槃、梵涅槃 brahma-nirvana
至上意識 purusha
《至尊奧義書》 *Isha Upanishad*
至福 ananda
艾拉瓦塔 Airavata
艾德溫·阿諾德 Edwin Arnold
行動、業、業力、業報 karma
行動瑜伽 karma yoga
行動瑜伽行者 karmi
行動器官 Karma-indriya
西格蒙德·弗洛伊德 Sigmund Freud

## 七劃

伽摩（愛神、欲望之神） Kama
伽摩珂希 Kamakshi

克拉底人 kirata
劫 kalpa
吠舍、農商牧 Vaishyas
吠陀 Veda
吠檀多二元論 dvaita
吠檀多不二論 advaita
吠檀多印度教 Vedantic Hinduism
吠檀多即一即異論 bheda-abheda
《吠檀多經》 *Vedanta sutras*
吸引、貪戀 raga
《妓之歌》 *Pingala Gita*
妖連 Jarasandha
完整、完全 purnatva
我非常親愛的人 priyo-si-me
沙利耶 Shalya
沙門 shramana
沙哈盧若巴護 Sahasrabahu
沙恭尼 Shakuni
狂暴狀態 musth
身體、永生者的居處 deha
那迦族、森林住民蛇族 nagas
那羅 Nara
那羅延、人類的庇護所 Narayana
那羅延營 Narayani
那羅陀 Narada

## 八劃

並非源自於人類 a-paurusheya
亞穆納河 Yamuna
享受者 rasika
佩達·提如瑪拉恰亞 Peda Tirumalacharya
佳納卡王 Janaka
佳嘎尼瓦沙 Jagannivasa

佳嘎帕提 Jagatpati
依沙 Isha
依虛瓦拉 Ishvara
制多、祈禱大廳 chaityas
受益者 aradhya
呼吸法 pranayam
呼吸者 prani
呼吸容器 prana-kosha
夜叉 yaksha
《夜柔吠陀》 *Yajur Veda*
奇塔古普塔 Chitargupta
奉愛 bhakti
奉愛瑜伽 bhakti yoga
奉愛瑜伽行者、奉獻者 bhakta
感官比喻為母牛 indriya-go-chara
尚卡戴夫 Shankardev
帕坦佳里 Patanjali
帕拉米塔 Paramita
帕讓美虛瓦拉 Parameshvara
往世書 Purana
怖軍 Bhima
拉古皇族 Raghu
放下財產的人 ta-gi / tyagi
斧頭 parashu
昆巴卡納 Kumbhakarna
明辨 viveka
〈杵戰篇〉 Mausala Parva
法、法性 dharma
法性之地、正法之野 dharma-kshetra
法性神話 dharma mythologies
法律 niti
爭議 vi-vaad
牧牛姑娘們 gopikas
物質 adi-bhuta
物質三重屬性 Tri-guna

物質層、物質體 sthula-sharira
物質屬性 guna
知識 vidya
知識、所講述的內容 gyana
知識瑜伽 gyana yoga
知識瑜伽行者 gyani
知覺器官 gyana-indriyas
社會層、社會體 karana-sharira
空竹 Kichaka
空氣 prana
肢解人類及動物作為牲禮 purusha-
　　medha
表演之王 Ranga-natha
表演舞臺 Ranga-bhoomi
金器年代 Krita yuga
阿丘塔，永不變化的 Achyuta
《阿含經》 *Agama*
阿育王 Ashoka
阿周那 Arjuna
阿哈麗雅 Ahalya
阿帝提亞 Adityas
阿迪卡爾塔 Adikarta
阿迪雅格 Adhiyajna
阿迪戴瓦 Adideva
阿砥，最初的起因 adi
阿修羅 asura
阿耆毘伽教徒 Ajivikas
阿密塔維克拉瑪 Amitavikrama
阿菩拉美雅 Aprameya
阿菩拉提瑪菩拉巴瓦
　　Apratimaprabhava
阿瑞蘇丹那 Arisudana
阿逾陀 Ayodhya
阿道斯・赫胥黎 Aldous Huxley
阿爾亞瑪 Aryaman

阿薩姆邦 Asam
阿薩姆語 Assamese
阿難達 Ananta
阿難達如帕 Ananta-rupa
阿難達維爾雅 Ananta-virya
《阿闥婆吠陀》 *Atharva Veda*
非正統派、非信徒 nastikas
非具體有形的、無形無相的 nir-guna
非法性 adharma
非歷史思想學派 Ahistorical approach

## 九劃

信仰 shraddha
信仰容器 gyana-kosha / buddhi-kosha
信徒 astika
剎帝利、統治者 Kshatriyas
南達 Nanda
哈努曼（猴神） Hanuman
哈里 Hari
《哈里傳承》 Harivamsa
奎師那 Krishna
奎師那－巴克提 Krishna-bhakti
恆河 Ganga
持戒 yama
持斧羅摩 Parashurama
持國 Dhritarashtra
查克拉德・斯瓦米 Chakradhara Swami
查爾斯・威爾金斯 Charles Wilkins
毗耶娑 Vyasa
毗恭吒 Vaikuntha
毗濕奴 Vishnu
《毗濕奴往世書》 *Vishnu Purana*
毗濕瓦如帕 Visvarupa
毗濕瓦維拉 Visvesvara

毗濕瓦穆爾提 Visvamurti
毗濕摩 Bhisma
毗羅吒 Virata
祈陀拉塔 Chidratratha
美食廳 bhoga-mandapa
苦行 tapasya
《苦行者之歌》 *Bodhya Gita*
貞守生、學生 brahmacharya
貞守生時期 brahmachari
迦什國 Kashi
迦那丹那 Janardana
迦爾納 Karna
迦爾納的「千副盔甲」
　　Sahasrakavacha
飛天 apsaras
食物 ahara、anna
食物容器 anna-kosha
首陀羅、勞工 Shudras

## 十劃

修苦行者 tapasvi
俱盧之野 Kuru-kshetra
俱盧族 Kauravas
個體法性 sva-dharma
個體靈魂 jiva-atma
冥想 dhyana
剛沙王 Kansa
《原人歌》 *Purusha Sukta*
原初身體 adi-daiva
原初連結 adi-yagna
原初靈性個體 adhyatma
原始印度教 Proto Hinduism
原始歷史學派 Proto-historical approach
《哲人之歌》 *Parasara Gita*

# 十一劃

救世主 patita-pavana
救濟 bhiksha
《曼陀羅》 Mandala
梅茹 Meru
《梨俱吠陀》 *Rig Veda*
梵天 Brahma
《梵經》 *Brahma Sutras*
棄絕者 sanyasis
棄絕者時期 sanyasa
欲、情欲、欲望 kama
欲望（巴利語） tanha
《欲望之歌》 *Kama Gita*
涵蓋一切而且完整的狀態 purnam
清明 sanity
猛光 Dhristadhyumna
現場歷史 Itihasa
甜美浪漫的情感 madhurya bhava
眾象之王加金德拉 Gajendra
祭主先人 Brihaspati
《祭司之歌》 *Sampaka Gita*
祭品、食物 bhog
祭餘 prasad
細繩 pasha
統治 bhu
莫希妮 Mohini
貪婪 lobha
逍遙時光 leela
這世界是海市蜃樓，唯神爲眞 Jagad
    mithya, brahma satya
這是我的意見 mati-mama
造物主、菩拉佳帕提 Prajapati
部分層面 bhaga

# 十二劃

凱沙瓦 Keshava
凱辛尼蘇丹那 Kesinishudana
凱拉薩 Kailasa
喀拉拉邦 Kerala
善良 sattva
喬達摩族 Gautama
就這樣吧 Tathastu
巽伽王朝 Sungas
提升 uddhar
提婆姬 Devaki
斯瑞·奧羅賓多 Sri Aurobindo
普里 Puri
普拉哈拉達 Prahalada
智力 buddhi
智慧、聽進去的內容 vi-gyana
森林 vana
森林書 Aranyakas
〈森林篇〉 Vana Parva
無生命的 a-jiva
無形相的梵 nir-guna-brahman
無我（巴利語） anatta
無始 anadi
無限大 brahma
無限的宇宙形相 vishwa-rupa
無欲行動 nishkama karma
無終、什麼都要、無窮大 ananta
無種 Nakula
猴 kapi
猴神法幢 kapi-dhvaja
猴族 vanaras
結合的情感 shringara bhava
菩如首塔瑪，至尊神、至尊人
    Purushottama

瑪哈瑜伽依盧瓦拉 Mahayogeshvara
瑪格希沙月、十二月 Margashisha
瑪瑞祺（風神） Marichi
瑪圖拉 Mathura
瑪德瓦 Madhwa
瑪德瓦・阿查里亞 Madhva Acharya
瑪德莉 Madri
瑪魯塔 maruttas
福身王 Shantanu
福塔巴瓦那 Bhutabhavana
福塔布倫 Bhutabhrun
福塔特沙 Bhutesha
精舍、寺院 vihara
精神層、精神體 sukshma-sharira
精進 Niyama
綜合、瑜伽、連結 yoga
維瓦司萬（太陽神） Vivasvate
維杜羅 Vidura
維塔爾 Vitthal
維塔爾之愛、維塔爾媽媽 Vittha-ai
聚會堂 jaga-mohana
《舞論》 *Natya Shastra*
舞廳 natya-mandapa
蓋亞 Gaia
銀器年代 Treta yuga
銅器年代 Dvapara yuga

## 十五劃

《儀軌經》 *Kalpa-Sutras*
德瓦爾卡城 Nathdvara
德羅波蒂、黑公主 Draupadi
德羅納 Drona
慧希凱施 Hrsikesha
憎惡、排斥、討厭 dvesha

憤怒 krodha
《摩奴法論》 *Manu Smriti*
摩差 Matsya
摩根德耶 Markandeya
《摩訶婆羅多》 *Mahabharata*
歐姆 aum
潘達爾普爾 Pandharpur
魯鐸 rudras

## 十六劃

器官 indriyas
奮鬥 Dvapara
戰場 rana-bhoomi
歷史研究學派 Historical approach
激情 rajas
獨立石柱「林伽」 lingam
獨立喜樂、靈之喜樂 atma-rati
閻王閻摩 Yama

## 十七劃

償還 dakshina
儒夫 kliba
戴瓦沙 Devesha
戴瓦華拉 Devavara
戴瓦戴瓦 Devadeva
濕婆 Shiva
《濕婆之歌》 *Shiva Gita*
《濕婆往世書》 *Shiva Purana*
環形舞蹈隊形 rasa-mandala
縮小自己成為化身 avatarana
蕾奴卡 Renuka
《薄伽瓦譚》 *Bhagavatam*
薄伽梵、神、至尊主 bhagavan

## 二十六劃

讚美詩 sukta

## 二十八劃

豔光 Rukmini

# 我的薄伽梵歌

## 一位印度神話學家的超凡生命智慧

My Gita

| | | |
|---|---|---|
| 作　　　　者 | 德杜特·帕塔納克 (Devdutt Pattanaik) | Copyright ©2015 by Devdutt Pattanaik |
| 插　　　　畫 | 德杜特·帕塔納克 | Illustration Copyright ©2015 by Devdutt Pattanaik |
| 譯　　　　者 | 江信慧 | Published by arrangement with Siyahi, through The |
| 圖 表 重 繪 | 陳姿秀 | Grayhawk Agency |
| 編 輯 協 力 | 呂佳真、徐詩淵 | |
| 封 面 設 計 | 白日設計 | |
| 內 頁 排 版 | 高巧怡 | |
| 行 銷 企 劃 | 蕭浩仰、江紫涓 | |
| 行 銷 統 籌 | 駱漢琦 | |
| 業 務 發 行 | 邱紹溢 | |
| 營 運 顧 問 | 郭其彬 | |
| 責 任 編 輯 | 何韋毅 | |
| 總　編　輯 | 周本驥 | |
| 出　　　　版 | 地平線文化／漫遊者文化事業股份有限公司 | |
| 地　　　　址 | 台北市103大同區重慶北路二段88號2樓之6 | |
| 電　　　　話 | (02) 2715-2022 | |
| 傳　　　　真 | (02) 2715-2021 | |
| 服 務 信 箱 | service@azothbooks.com | |
| 網 路 書 店 | www.azothbooks.com | |
| 臉　　　　書 | www.facebook.com/azothbooks.read | |
| 發　　　　行 | 大雁出版基地 | |
| 地　　　　址 | 新北市231新店區北新路三段207-3號5樓 | |
| 電　　　　話 | (02) 8913-1005 | |
| 訂 單 傳 真 | (02) 8913-1056 | |
| 初 版 一 刷 | 2022年3月 | |
| 初 版 二 刷 | 2024年9月 | |
| 定　　　　價 | 台幣450元 | |
| I S B N | 978-626-95084-8-8 | |

國家圖書館出版品預行編目 (CIP) 資料

我的薄伽梵歌：一位印度神話學家的超凡生命智慧／德
杜特‧帕塔納克（Devdutt Pattanaik）著；江信慧譯.--
初版.-- 臺北市：地平線文化，漫遊者文化出版：大雁文
化發行，2022.03
296 面；17×23 公分
譯自：My Gita
ISBN 978-626-95084-8-8（平裝）
1. 印度哲學  2. 自我實現
137.84　　　　　　　　　　　　　　　　　111000766

漫遊，一種新的路上觀察學
www.azothbooks.com
漫遊者文化

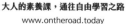

大人的素養課，通往自由學習之路
www.ontheroad.today
遍路文化‧線上課程